JN258118

まえがき

今年、家族で「くちびるに歌を」という映画を観《み》て、予期《よき》していた以上の感動を覚《おぼ》えた。そしてこの監督が、「陽《ひ》だまりの彼女」という映画の監督《かんとく》でもあったことを知り、急速に三木孝浩《みきたかひろ》さんの作品を研究してみたくなった。私の「監督論」としては、『映画監督の成功術　大友啓史《おおともけいし》監督のクリエイティブの秘密に迫る』に続くものである。

三木監督の作品は、どれも、ある種の「青春魔術」を秘めており、「永遠なるものの影」を的確《てきかく》にとらえている。しかも、何ともいえない、あたたかい宗教的まなざしを宿《やど》しているように感じる。そしてその霊的秘密が本書で初めて明かされることになる。

若い人たちにも、そして青春を懐《なつ》かしんでいる大人《おとな》たちにも、是非《ぜひ》とも観てほしい映画がたくさんある。

さあ、青春への扉を開けてみようではないか。

二〇一五年　五月十九日

幸福《こうふく》の科学《かがく》グループ創始者兼総裁《そうししゃけんそうさい》　大川隆法《おおかわりゅうほう》

青春への扉を開けよ

三木孝浩監督の青春魔術に迫る

目次

2

「霊言現象《れいげん》」とは、あの世の霊存在の言葉を語り下ろす現象のことをいう。これは高度な悟《さと》りを開いた者に特有のものであり、「霊媒現象《れいばい》」（トランス状態になって意識を失い、霊が一方的にしゃべる現象）とは異なる。外国人霊の霊言の場合には、霊言現象を行う者の言語中枢《ちゅうすう》から、必要な言葉を選び出し、日本語で語ることも可能である。

また、人間の魂《たましい》は原則として六人のグループからなり、あの世に残っている「魂の兄弟」の一人が守護霊《しゅごれい》を務めている。つまり、守護霊は、実は自分自身の魂の一部である。したがって、「守護霊の霊言」とは、いわば本人の潜在《せんざい》意識にアクセスしたものであり、その内容は、その人が潜在意識で考えていること（本心）と考えてよい。

なお、「霊言」は、あくまでも霊人の意見であり、幸福の科学グループとしての見解と矛盾《むじゅん》する内容を含《ふく》む場合がある点、付記しておきたい。

青春への扉を開けよ

三木孝浩監督の青春魔術に迫る

公開守護霊インタビュー

2015年4月8日　収録

東京都・幸福の科学 教祖殿《きょうそでん》 大悟館《たいごかん》にて

三木孝浩《みきたかひろ》（一九七四～）

映像ディレクター・映画監督《かんとく》。徳島《とくしま》県出身。早稲田《わせだ》大学卒。一九九八年、ソニー・ミュージックエンタテインメントに入社し、多数のミュージック・ビデオを手がける。二〇〇六年独立後、CM、ドラマ等の映像製作に携《たずさ》わり、映画「ソラニン」で監督デビュー。「管制塔《かんせいとう》」「僕等《ぼくら》がいた」「陽《ひ》だまりの彼女」「ホットロード」「アオハライド」「くちびるに歌を」と、独特の透明感溢《とうめいかんあふ》れる青春映画を次々と製作し、人気急上昇《きゅうじょうしょう》中。

質問者　竹内久顕《たけうちひさあき》（幸福の科学宗務《しゅうむ》本部第二秘書局局長代理）

小田正鏡《おだしょうきょう》（幸福の科学専務理事〔メディア文化事業局担当〕ニュースター・プロダクション株式会社代表取締役《とりしまりやく》）

倉岡《くらおか》ゆり葉《は》（幸福の科学宗務本部第二秘書局部長）

［質問順。役職は収録時点のもの］

1　三木孝浩監督《みきたかひろかんとく》に「青春魔術《まじゅつ》」「青春哲学《てつがく》」を訊《き》く

俳優に比べ、全体像をつかむのが難しい「映画監督《かんとく》」

大川隆法　今日は「青春への扉《とびら》を開《あ》けよ――三木孝浩監督《みきたかひろかんとく》の青春魔術《まじゅつ》に迫《せま》る――」というテーマで行うつもりです。

「三木孝浩監督」と聞いても、スパッとは分からない人も多いかもしれません。ただ、彼の作品を少し挙げれば、「ああ、それなら知っている」というものはあると思います。

彼が映画で有名になったのは、二〇一〇年ぐらいからですけれども、「ソラニン」「管制塔《かんせいとう》」「僕等《ぼくら》がいた 前篇《ぜんぺん》・後篇」「陽だまりの彼女」「ホットロード」「アオハライド」「くちびるに歌を」というあたりを聞けば、だいたい「ああ、あの感じかな」と分かる人もいるでしょう。

私は、俳優や女優の守護霊《しゅごれい》リーディング等を個別に行《おこな》っていますが、出演作品をずっと追っていけば、その人の全体像はだいたい分かります。

しかし、監督に迫っていく場合、監督はいろいろな作品を製作していて、それぞれの作品に、女優、俳優、その他のスタッフがたくさん参加しているし、ストーリーも違《ちが》うので、全体をつかむのはなかなか難しいものがあります。作品自体が持っている力もあるので、監督の力がどこまで及《およ》んでいるのかをつかむのは難しいところです。そういう難しさは感じています。

今朝（二〇一五年四月八日）は、『映画監督の成功術　大友啓史《おおともけいし》監督のクリエイティブの秘密に迫る』

『映画監督の成功術　大友啓史監督のクリエイティブの秘密に迫る』（幸福の科学出版）

（幸福の科学出版刊）の原稿《げんこう》をチェックしていたのですけれども、その流れで、映画監督について、ついでにもう一つ収録してみようかなと思った次第《しだい》です。

独特の「希望の光明《こうみょう》」を込《こ》めた青春群像を描《えが》く三木孝浩監督

大川隆法　三木孝浩監督は、まだ四十歳《さい》（収録当時）という若い方です。徳島県《とくしま》出身で、県立阿波《あわ》高校から早稲田《わせだ》大学第一文学部に進みました。

阿波高校という名前は、「阿波踊《おど》り」の「阿波」と同じで、私の生誕《せいたん》地の川島《かわしま》町《ちょう》（現・吉野川《よしのがわ》市）からは、ちょうど川向こうのあたりにある学校です。ローカルな話でたいへん恐縮《きょうしゅく》ではありますが、地元ではお互《たが》いに分かる感覚のところです。

例えば、阿波高校の人からすれば、総裁補佐《ほさ》（大川紫央《しお》）のように「徳島県立脇町《わきまち》高校から早稲田大学の法学部へ行く」ということは、ピンピーンと来るぐらいの感じでしょう。徳島県西部では、阿波高校もそこそこの進学校で、脇町高校も進学校であり、お互いにビビッと来るぐらいの感じだと思います。

この人はまだ四十歳なので、今は、若いときの感覚からようやく大人になっていくような感じでしょうか。現代であれば、四十代でも「青年」といわれることもありますし、「青年実業家」といわれるのはそのくらいからなので、気持ちはまだ若いと思われます。

そして、彼は自《みずか》らのテーマとして、ずっと「青春」を追っているように見えます。青春の群像《ぐんぞう》、さまざまな姿を描いている感じでしょうか。

それも、単にストレートにスッといくような姿ではなく、別れや苦難、挫折《ざせつ》、失敗、あるいは、ある意味での残酷《ざんこく》な運命のようなものを背負った青春のなかを、それぞれの若い人たちが生きていて、そのなかで、何とかして扉を開けようとしている感じをよく描《えが》いていると思います。

また、漫画《まんが》を原作としたものも多いのですが、映画では、それとは少し違う結論に持っていったりもしています。

つまり、原作が暗い感じで終わっているような場合は、映画では、この人独特の、何か「希望の光明《こうみょう》」が残るような感じで仕上げているところがあり、「青春は、暗いトンネルもくぐるかもしれないけれども、やはり、未来には何か一条《いちじょう》の光明がある」というようなことを言いたいのかなと感じます。

そのように、気持ちとしては、まだ若い人の気持ちになれる人で、「つらいだろうけど、そこから抜《ぬ》け出せるよ」と言っているように見えるところがあります。

私は宗教家ですが、仕事は違えども、「青春」をテーマにして若い人に呼びかけるときには、似たような気持ちになることは多くあります。

みんながみんな、同じような条件であるわけではなく、チャンスにおいても、なかなか平等《びょうどう》にはなりません。生まれにおいて、親やきょうだいに問題があるなど、家庭にいろいろな問題があることもあります。好きになった人に問題があることもあります。

そういったさまざまな青春が、その後、どのように成長し、実りを結ぶか結ばないかということには、ハラハラドキドキするところがあると思います。

そういうわけで、「青春の魔術」、あるいは「青春哲学《てつがく》」といってもいいのですが、このあたりを何かつかみ出せないかと思っています。

もちろん、当会でも〝老人映画〟をつくっても構わないのですが、それはいずれつくることもできるでしょうから、もう少し頑張《がんば》って「若い人」に〝執着《しゅうちゃく》〟をして（笑）、気持ちとしては、まだ若いところを狙《ねら》っていきたいと思っています。

学生映画の延長上にも見えた映画監督デビュー作「ソラニン」

大川隆法　私は、三木監督のすべての作品を観《み》ているわけではないのですけれども、彼は、学生時代から小さな映画をたくさんつくっていたようです。

そして、二〇一〇年の映画「ソラニン」で監督デビューをしました。

これは、ＮＨＫの朝の連続ドラマで有名になった宮《みや》崎《ざき》あおいさんを主役に起用しています。彼女はミュージシャンとしてギターを弾《ひ》き、歌を歌う役をしています。もともとは、彼氏がそうだったのですけれども、途《と》中《ちゅう》で交通事故に遭《あ》って死んでしまったため、彼女が代わりに彼のつくった曲を弾くというような話だったと思います。

これは三木監督の最初の作品ですが、「あまりお金をかけずにつくっているのかな」という感じで、やや、学生映画の延長上にあるようにも見えました。

それでも、ある程度はヒットしたらしく、監督としてのデビュー作となったよ

映画「ソラニン」（2010年公開／アスミック・エース）

うです。

三木監督の才能の一部が見えてくるような映画「管制塔《かんせいとう》」

大川隆法　それから、二〇一一年の映画「管制塔《かんせいとう》」は、確か北海道最北端《さいほくたん》の町の稚内《わっかない》という大変なところでロケをしています。

映画で〝管制塔〟と呼ばれているものは、名ばかりのもので、実際には小さな建物が建っているのが見えるだけです。

映画では、借金《しゃっきん》取りに追われ、夜逃《よに》げを繰《く》り返す父親に連れられて、あちこちを転々としている女の子が、稚内の中学校に転校してきます。

借金取りから逃《のが》れるために辺鄙《へんぴ》なところを回っているので、そこにはほんの一時期しかいないのですが、

映画「管制塔」(2011年公開／SME・SMEレコーズ)

そこで恋《こい》が芽生《めば》え、また、別れが来るというお話です。

その〝管制塔〟は、ちゃちなものですが、何のためのものかは別として、その〝管制塔〟を目印《めじるし》にして、「いつかどこかで、あれさえ見つければ、また会えるよ」というような感じの別れ方をするのです。

これを観て、「ああ、そういう家庭もある。自分の子供時代にも、夜逃げした友達がいたなあ」ということを思い出しました。家の商売が潰《つぶ》れ、借金取りから逃げるために家族ごと逃げ、ある日突然《とつぜん》にいなくなった友達がいたのです。

そのように、学校を転々と巡《めぐ》りながら各地を逃げている彼女に、一時期の恋が芽生えるような話だったと思います。

これも、この人の才能の一部が見えてくるような作品ではありましたけれども、まだ十分に開花し切っているというほどではありませんでした。ただ、ロンドンの映画祭には出たようです。

●ロンドンの映画祭　イギリスの「レインダンス映画祭」。映画「管制塔」は同映画祭で2011年に特別上映された。

三木監督の心象《しんしょう》風景にも見えた映画「僕等《ぼくら》がいた」

大川隆法　それから、長編映画三作目の「僕等《ぼくら》がいた」ですが、これは、初の前篇・後篇の二部作で、なかなか彼の評判を上げたのではないかと思います。

この映画は、吉高由里子《よしたかゆりこ》さんが出ていて、釧路《くしろ》を風景にして撮《と》ったものですが、田舎《いなか》の単線の鉄道が出てくるのです。

最初、私は一瞬《いっしゅん》、これが釧路に見えず、「徳島か」とも思ってしまいました。

というのも、前篇の終わりに、吉高由里子さん演じる彼女は釧路に残り、彼だけが東京に行くということになり、釧路駅に見送りに行きます。そして、彼を乗せて出発した二両編成ぐらいの列車を追いかけていくところで前篇が終わるのですが、何だか懐《なつ》かしい風景

映画「僕等がいた 前篇／後篇」（2012年公開／東宝、アスミック・エース）

であり、これは、おそらく三木監督の心象《しんしょう》風景のなかにあるものではないかなと思いました。

徳島あたりにも、二両編成ぐらいの列車がよく走っています。それが田舎の駅を走っていると、あのような感じなのです。この映画には原作があるため、原作に忠実《ちゅうじつ》に描いたのかもしれないけれども、もしかすると、「徳島時代に一緒《いっしょ》にいた彼女と、大学へ行って、別れて……」というような経験があるのではないかなと、自分も過去を振《ふ》り返りながら、少し〝読んで〟しまいました。

また、吉高由里子さんの演技が、あまりにもいい感じでずっと続いていくので、男性から見てもなかなか魅力《みりょく》的だったかと思います。

物語では、彼のほうにいろいろと不幸があって、なかなか釣《つ》り合わなくなるのですけれども、最後に希望を残すような映画になっていました。

映画の前篇《ぜんぺん》で高校生役を好演した吉高由里子《よしたかゆりこ》

大川隆法　ちなみに、総裁補佐も、渋谷《しぶや》の西武《せいぶ》へ買い物に行っているときに、「吉高由里子《よしたかゆりこ》さんによく似ている」と言われたことがあります。そのため、ちょっと印象深い女優であり、「いずれ〝持ち上げ〟なければいけないな」とは思っているのです。

なお、吉高さんの実年齢《ねんれい》は、高校生よりもかなり上であったので、前篇《ぜんぺん》の高校生役をするのは、本当はかなり苦しかっただろうと思います。つくるほうの側から見れば、「よく凌《しの》いで、一作、もたせたなあ」という感じでしょう。それからあとの二十代ぐらいの役ならば合ってはいるのですけれども、前篇については、「よく凌いだなあ」という感じがしたのです。

それで思い出したのが、韓国《かんこく》のドラマ「冬のソナタ」でした。

これも、最初の第一話あたりでは、チェ・ジウさんとペ・ヨンジュンさんが高校生時代の恋人役で出てきていましたが、本人たちに制服を着せてやっていたのです。

それについて、確か、監督がインタビューに答えて、「高校時代が早く終わらないかなと思って、ハラハラドキドキしていた。チェ・ジウを早く高校から出さないとつらい。さすがに高校生役では、そんなに長くはもたない」と言っていたと思います。

ドラマでは、チェ・ジウさんが、塀《へい》の上に座《すわ》って、足をピョンピョンさせて、女子高生のように見せたりしていましたが、十歳ぐらい若返らせるのは、そんなに簡単なことではないということで、監督は冷《ひ》や汗《あせ》ものだったという話を聞きました。

吉高由里子さんも、ややそのような感じでしたが、「一作、よく粘《ねば》ったなあ」

という感じはしたのです。

「陽《ひ》の光」を見事に映像化した映画「陽だまりの彼女」

大川隆法　さらに、二〇一三年十月公開の「陽《ひ》だまりの彼女」があります。

これについては、観ていない人もいるでしょうから、種《たね》を明かしてはいけないとは思いますが、神秘的な内容でした。

この作品で、彼女役を演じているのは上野樹里《うえのじゅり》さんで、最初から神秘的な感じであり、「これは何かあるな。この人は幽霊《ゆうれい》か何かなのではないか」という感じだけは伝わってくるのです。

しかし、謎解《なぞと》きはできず、「最後のほうまで分からない彼女」であり、なぜか、突然現れて再会し、結婚《けっこん》までするものの、「淡雪《あわゆき》のように消えていく彼女」であ

映画「陽だまりの彼女」(2013年公開／東宝、アスミック・エース)

って、その秘密が描かれるわけです。

また、「陽《ひ》の光の使い方」というか、太陽光線《たいようこうせん》の照り返しや明るさを描くのが上手だなと思います。海の光り方、太陽の光が入ってくる部屋のなか、窓辺《まどべ》から入ってくる光、あるいは電車のなかなど、こういうところで太陽光線を見事に映像化していくところのうまさは、絶妙《ぜつみょう》でした。陽の光を、あれだけ上手に撮影《さつえい》できなかったら、この作品は成功しなかったと思うのですが、実に上手だったと思います。ちょっと感心しましたし、ああいうところに「芸術観」が出ていたなと感じました。

純情・能年玲奈《のうねんれな》のイメージを覆《くつがえ》した映画「ホットロード」

大川隆法　「陽だまりの彼女」の舞台《ぶたい》は湘南《しょうなん》のほうですが、二〇一四年公開の映画「ホットロード」も似たような場所で、あちらのほうが地盤《じばん》です。

物語は、暴走族のヘッドというか、総頭《そうあたま》になった彼と、例の「じぇじぇじぇ」の彼女……。

竹内・小田　能年玲奈《のうねんれな》さん。

大川隆法　そうですね。能年玲奈さんです。

私は、まさか、（ＮＨＫ連続テレビ小説「あまちゃん」で）海女《あま》役をやっていたあの純情・能年玲奈が、不良少女風に出てくるとは思いませんでした。また、彼女が暴走族の総頭になった彼とできて、共に不良ながら付き合うというような作品なので、さすがに少し驚《おどろ》きました。

「能年玲奈を、こういうふうに使うか。あの『じぇじぇじぇ』を、ここまでやるか」ということで、衝撃《しょうげき》は衝撃だったし、ある意味で、女優としての振幅《しんぷく》のす

映画「ホットロード」
（2014年公開／松竹）

ごさを見せたと思います。

能年玲奈さん自身は、テレビドラマ「学校のカイダン」にも誘《さそ》われていたものの、忙《いそが》しくて出られなかったようです。確かに、あのあたりは「あまちゃん」と「ホットロード」との中間ぐらいの役柄《やくがら》なので、おそらくできただろうなという感じはしました。

ただ、「ホットロード」については、この人（三木監督）の作品としては、ややずれており、原作があるのでしかたがないとはいえ、暴走族の話を取り上げたというのは、なかなか難しいあたりかと思います。

さらに、「アオハライド」も人気のある映画ですが、この作品では、ちょうど今、NHK大河《たいが》ドラマ「花燃《はなも》ゆ」に出ている久坂玄瑞《くさかげんずい》役の俳優（東出昌大《ひがしでまさひろ》）が相手役になっており、女性のほうは、例のキムタク主演ド

映画「アオハライド」
（2014年公開／東宝）

ラマ「安堂《あんどう》ロイド」でサプリ役を演じていた……。

竹内　本田翼《ほんだつばさ》さんでしょうか。

大川隆法　そう、そう、そう。本田さんですね。(「アオハライド」は) 本田さんが彼女役をやっている映画で、これも、イメージに合っていると思います。

カメラアングルでも泣かせる映画「くちびるに歌を」

大川隆法　それから、最新作は「くちびるに歌を」で（二〇一五年二月公開）、主人公を演じたのは、沖縄《おきなわ》県出身の新垣結衣《あらがきゆい》さんです。

私は、この「くちびるに歌を」を観て、「新垣さんの背はあんなに高いのか」と、初めて知ってしまったのです（笑）。

確か、口が立つ百戦百勝の弁護士の……。（質問者に）あれは誰《だれ》でしたでしょうか。

竹内　（ドラマ「リーガル・ハイ」の）古美門研介《こみかどけんすけ》です。

大川隆法　そうですね。彼女が古美門弁護士の相方《あいかた》を演じていたときには、そんなに大きく見えなかったので、「あの彼（古美門役の堺雅人《さかいまさと》）も大きいのだなあ」と思ったのですが、（新垣結衣は）百七十センチ前後ぐらいあって、「まだ背が伸《の》びている」という話もある方です。

さて、映画「くちびるに歌を」では、その新垣結衣さん演じる主人公が、長崎《ながさき》

映画「くちびるに歌を」（2015年公開／アスミック・エース）

テレビドラマ「リーガル・ハイ」（第1期：2012年、第2期：2013年放送／フジテレビ系）

県の五島《ごとう》列島の中学校に、一時期、赴任《ふにん》するというところから物語が始まります。主人公もそちらの出身であり、音楽の教師をしている自分の同級生が出産のために学校を休むので、その間《かん》、代役《だいやく》として赴任《ふにん》することになったのです。

実は、主人公は、東京に出てピアニストとして非常に有名になっていたものの、今は不調になってコンサートなどに出られなくなっていました。そこで、「代役をやってくれないか」と依頼《いらい》され、呼び戻《もど》されたのです。

ところが、なぜかは分からないけれども、彼女は、最初、すごく不器用な出方をし、愛想《あいそ》もありません。また、「ピアノは弾かない」という条件で短期間の臨《りん》時《じ》音楽教師を引き受けました。そして、後《のち》ほど、ピアノを弾かなくなった理由が明かされることになるわけです。

こんな新垣さんなど見たことがないので、やや衝撃的でしたが、物語では、子供たちは合唱コンクールに出て、優勝はできなかったものの、入賞まで行きました。そして、主人公は、短期間の教師の仕事を終え、また島を離《はな》れていくのです。最後に、彼女が連絡船《れんらくせん》に乗って出ていくシーンは、カメラが上空に引いていって、上空から五島列島を映すのですが、このカメラのアングルの感じには、泣かせるものがありました。瀬戸内海《せとないかい》を連絡船で渡《わた》ったことがあるような人でないと、あの感覚は分からないでしょう。

私などは、あの姿はよく見ているものなので、ちょっと泣かせるようなところがありましたし、なかなかよい映画だったと思います。

三木監督の守護霊《しゅごれい》に、その「青春哲学《てつがく》」を問う

大川隆法　このように、三木監督は、才能も持っており、「青春映画の巨匠《きょしょう》」になりかかっている方かと思うのです。

今後、作風が変わってくるかもしれないので分からないものの、映画として観

てもそうですが、宗教マーケットのなかでも、ある意味で勉強になる面が数多くあると思います。

私は、どちらかというと、「僕等がいた」とか、「陽だまりの彼女」とか、このあたりは好きですね。また、「くちびるに歌を」もよかったと思います。

全体観としては、そういうところです。

では、「青春哲学《てつがく》」のようなものを、何かうまく聞き出せればよいかなと思います。

いろいろな作品があって、関係者が多いので、私も全部は覚えられません。そのあたりはフォローしていただかないと無理かとは思いますが、トライしてみましょう。

（質問者の小田に）お互いに少し厳しくなってきましたね（笑）。

小田　（笑）

大川隆法　若干《じゃっかん》、厳しい。しかし、やらなくてはいけません。当会も、実写等で映画を製作していますが、三木監督は青春映画における、現在進行形の、ある意味でのトップバッター的な人でしょう。昔の映画ではなく、今の映画で学ぶべきことがあるはずで、そういうものを持った人かと思います。

それでは、映画監督の三木孝浩さんの守護霊《しゅごれい》をお呼びいたします。私たちに、〝青春魔術〟について教えていただければ幸いかと思います。

では、お呼びしたいと思います。

（合掌《がっしょう》し、瞑目《めいもく》する）

徳島県出身の映画監督で、青春映画を中心的につくっておられます、三木孝浩監督よ。その守護霊よ。

どうぞ、幸福の科学　教祖殿《きょうそでん》　大悟館《たいごかん》にお出《い》でくださり、われらに、そのお心の内を明かしたまえ。

三木孝浩監督よ。どうか、その守護霊よ。

幸福の科学　教祖殿　大悟館にお出でくださり、われらに、その心の内を明かしたまえ。

（約十五秒間の沈黙《ちんもく》）

2　三木監督《かんとく》が「青春映画」で描《えが》こうとしているもの

「魔術《まじゅつ》や哲学《てつがく》を語るのは無理かもしれない」と応じる三木監督《かんとく》守護霊

竹内　こんにちは。

三木孝浩守護霊　うーん？

竹内　三木監督《かんとく》でいらっしゃいますか。

三木孝浩守護霊　（きょろきょろと周囲を見回しながら）うーん……。

竹内　（笑）どうされました？

三木孝浩守護霊　（天井《てんじょう》のほうを見回し始める）いやあ……。うん。何か撮影《さつえい》室みたいだねえ。

竹内　そうですね。今、撮影・収録をしています。

三木孝浩守護霊　（天井のほうを見回しながら）うーん。うーん。ふうーん。

竹内　今日は、三木監督に、ぜひ、さまざまな映画の「魔術《まじゅつ》」について……。

三木孝浩守護霊　「魔術」!?

竹内　ええ。もちろん、〝いい意味で〟です。いい意味での「魔法」というか、「魔術」について伺《うかが》っていきたいと思いますので、よろしくお願いします。

三木孝浩守護霊　うーん。私なんかでいいのかなあ。ちょっと、まだ役に立たないと思うんだけどなあ。

竹内　いえ。私は、「陽だまりの彼女」を観《み》て以来、本当に三木監督のファンになってしまいまして、たくさんの作品を観させていただきました。

私自身も、過去、映画製作に二作ほど携《たずさ》わったことがあるのですけれども……。

三木孝浩守護霊　ほう。

竹内　やはり、「三木監督のように、青春像を、あそこまで人々に感じさせる」というのは、とても難しくて、それを「魔法」のように実現している三木監督を、本当に尊敬しています。

そこで、今日は、そのエッセンスを伺っていきたいと思いますので、ぜひよろしくお願いします。

三木孝浩守護霊　うーん、任に堪《た》えるかなあ。「魔術」や「哲学《てつがく》」と言われると、私はちょっと無理かもねえ。自分にできることをやってるだけなんで。もう、これしかできないから、これをやってるんだけどね。

やや買いかぶりかもしれない。

竹内　かもしれませんか？

三木孝浩守護霊　うーん。

三木監督のテーマは「青春の原像」であり「田舎《いなか》と都会」

竹内　では、まず簡単なところから、少し伺っていきたいのですけれども、三木監督の作品のなかに、「僕等《ぼくら》がいた」という映画がありますよね。

三木孝浩守護霊　うーん、うん、うん、うん。

竹内　その映画のインタビューのなかで、三木監督は、「誰《だれ》かを好きになるって、やっぱり楽しいし、いいじゃないか。最終的に、そういうふうに、『恋愛《れんあい》って、いいじゃないか』と思ってもらえたら、私はうれしい」というようなことをおっしゃっています。

そういう意味で、三木監督の映画を観ると、本当に純粋《じゅんすい》な恋愛に憧《あこが》れる青年が増えていくと思うんです。

一方で、今、世の中には、「倫理《りんり》観が少し曲がってしまった恋愛」もけっこうありまして、そうしたなかで、三木監督の作品は、やはり「純粋な愛」、「純粋な恋愛」を思い起こさせるものがあると思います。

このあたりからお伺いしてもよろしいでしょうか。

三木孝浩守護霊　うーん……。まあ、それはそうかもしれないけど、僕の経験の幅《はば》が狭《せま》いために、そういうふうになっちゃってるだけかもしれないので。〝恋愛学の達人〟から見れば、おそらくもの足りないだろうね。
渡辺淳一《わたなべじゅんいち》先生なんかから見たら、「もう、ちゃっちい映画だなあ」って、きっと思うんじゃないかな。

竹内　いや、あの人の作品などは、まさに間違《まちが》った倫理観そのものだと思いますけれども（笑）（『「失楽園」のその後――痴《ち》の虚人《きょじん》　渡辺淳一直伝《じきでん》――』〔幸福の科学出版刊〕参照）。

三木孝浩守護霊　いやあ、年を取ってないから、そこまでは私には分からないですけど。私は、やっぱり、「青春の原像」みたいなものが（テーマとして）あり、とにかく、「田舎《いなか》と都会」っていうテーマは、もう一つあるしね。
まあ、「男女がくっつくか、くっつかないかの運命の糸みたいなものが、どういうところで見分けられるんだろうか」「どこまで自力で結びつけられるのか」、あるいは、「環境《かんきょう》要因とか、そうした決定要因で別れていくのか」、あるいは、「家族の要因が、どこまで二人に影響《えいきょう》するのか」。

まあ、自分も見聞きしたものとか、いろいろあって、それで追い続けているところはあるんだけどね。

「純粋」といえば、今のところ、純粋なのかもしれないし。

まあ、原作がないわけではないので。原作があってのことなので、私の創作とは、全部が全部、言えないところがあって、それを私は視覚化するっていうか、それだけではあるんですけど。

ただ、好みがあるからね。好き嫌《きら》いがやっぱりあるので、（私が監督を）受けられる作品と、受けられない作品がどうしてもあって、そのあたりは出てはいるのかなあ。

まあ、「大川隆法先生」って言ったら、徳島《とくしま》が生んだ有名人ですので、ちょっと、私なんか出してたら、株が下がっちゃうんじゃないですか?

竹内　いえいえ、そのようなことはないと思いますけれども……。

三木孝浩守護霊　それは危ないですよ。

竹内　そうですか?

三木孝浩守護霊　ええ、もうご自分の哲学、青春哲学をお説きになられたほうが……。私なんかから学ぼうなんて、そんなの、ちょっと本末転倒《ほんまつてんとう》してますよ。

青春時代の恋愛《れんあい》のなかにある「永遠なるもの」を描きたい

竹内　やはり、三木監督は、「恋愛《れんあい》のなかには、運命の糸や、そうした神秘的なものがある」と信じていらっしゃるのでしょうか。

三木孝浩守護霊　うーん……。まだ、ちょっと人生が終わってないから、言うことはできないけど。

まあ、人生八十年、あるいは、八十六年かもしれないけども、八十何年かあるなかで、自分が死ぬときのことを考えると、「どこがいちばん思い出したくて、どこに返って修正したいか」っていうか、手を入れて、運命を少し変えたくなるところがあるとしたら、やっぱり、「男女の恋愛」のところじゃないかなと思うので。

「あのときに、もし、こうしてたら、どうだったか」とか、「もし相手がこうだったら、どうなったか」っていうようなところ。そこに、やっぱり行くようなな……。自分が死ぬときのことを考えると、そこに戻《もど》っていくような気がするんだよね。

苦《にが》い思い出も多いだろうけども、その苦い思い出のなかに、いちばん美しいものが本当はあったかなあ。

だから、(「僕等がいた」で言えば)吉高由里子《よしたかゆりこ》さんに釧路《くしろ》の駅を走らせて、(列車に乗った彼を)追いかけさせて、「待ってます!」っていう感じのをやらせたら、みんな、もう永遠に泣き続けるでしょう? もう、ほんと、男性ならねえ。

竹内　そうですね。

三木孝浩守護霊　「吉高さんが、ずっと待ってくれる」なんていう感じだったらね。もう「原像」ですよね。そういう「あるべき彼女の原型」みたいなもんですよ。

実際は、そうはならないんだけどね。実際は、一カ月もしないうちに、新しい彼氏をつかまえたりするのが普通《ふつう》なんでしょうけど……。

小田　（笑）

三木孝浩守護霊　まあ、「『田舎』と合わせれば、そういうことが可能だ」っていうことかねえ。

それから、「青春の恋愛像」というのは、「壊《こわ》れやすいからこそ宝物」みたいなところがあるんですよね。「その壊れやすいものを、どうやって壊さずに、宝物のように、数年から十年くらい、持ち続けられるか」っていうの？　厳しい試練がたくさんありますよね。

田舎から都会に出れば、やっぱり価値観が変わるし、出会う人が違うし、考え方が変わる。ね？　こういうときに、「別れ」と「新しい出会い」があって、それでも惹《ひ》きつけ合えるか、合えないか。

もう、これは地方出身者なら、みんな……、みんなでもないかもしらんけど、ある程度、経験があるところですから。まあ、都会育ちの方には、少し分からないところがあるかもしれませんがね。

私らみたいに、地方出身者たちは、みんなが、この「恋愛」と「別れ」とを、青春時代にだいたいたい経験してるんですよね。そうなんですよ。

竹内　「そうした群像を深く経験している」ということが、創作のときのポイントになるんですか。

三木孝浩守護霊　いやあ……。まあ、個別の体験はいろいろだとは思うんだけど、やっぱり、そのなかで、「永遠なるもの」みたいなものは追いかけてますね。

これは、いつであっても、千年前であっても二千年前であっても、あるいは、千年後であっても、「永遠なるもの」……。何か、そういうものを、私は求めていますね。

3　恋愛《れんあい》映画で描《えが》いた「永遠の女性」「永遠の憧《あこが》れ」

映画「僕等《ぼくら》がいた」に見る「永遠なるもの」とは

竹内　例えば、「僕等《ぼくら》がいた」という映画のなかで、「永遠なるもの」というのは、具体的には、どういったものになるのでしょうか。

三木孝浩守護霊　うーん。やっぱり、彼女のほう、吉高《よしたか》さんのほうは、勉強もあんまりできなくて、（生田斗真《いくたとうま》演じる）彼のほうが、勉強はずっとできる優等生だったのに、その彼が〝壊《こわ》れて〟いくよね。家庭の問題で〝壊れて〟いく。（釧路《くしろ》から）東京に転校していって、それはもう、優秀《ゆうしゅう》な彼だから、大学に行ってやってるだろうと思うのに、実は、何か生活がまったく〝壊れて〟いって、それで姿をくらまし、また札幌《さっぽろ》のほうに帰ってきてたかな。
それを、ずーっと一途《いちず》に追い求めて、心のなかで待ってる彼女……。（涙声《なみだごえ》で）まあ、僕だったら、思い出すだけで泣けちゃうね。

竹内　すでに涙声になられていますね。

三木孝浩守護霊　うーん、泣けちゃうよ、もうね。吉高さんみたいな彼女がいて、ああいうふうにしてくれたら、もう泣いちゃうねえ、本当に。
いやあ、人にはそれぞれ、みんな傷があるんだよ。人にはね、傷があるんだよ。まあ、いずれ、年を取ると忘れていくんだろうけど、塞《ふさ》がったように思ってたその傷が、ときどき開《ひら》いてくるんだよ。

映画「陽だまりの彼女」にも描《えが》かれていた「永遠の女性」

竹内　実は、三木監督《かんとく》の映画を観《み》た人のなかで、こういう話がありました。六十代の女性なんですけれども、「『陽だまりの彼女』を観たら、四十年前に主人に恋《こい》したことを思い出しました」というインタビューまで録《と》れているんです。

三木孝浩守護霊　（笑）

竹内　これは、なかなかないと思うんですよ。

三木孝浩守護霊　ああ……。

竹内　やはり、今、お話を聞いていて思ったんですけれども、そうした「永遠なるもの」というのは、実は、年代に関係なく、心のなかで求めているものなんじゃないでしょうか。

三木孝浩守護霊　まあ、女性に対しては、ある意味では、宿題を与《あた》えているのかもしれないと思うんだけどね。

例えば、「陽だまりの彼女」にしても、ああいうふうに、ささやかな恩を忘れずに、ずーっと愛し続けてくれる彼女っていうのは、ある意味では、もう「戦前からの日本女性の美徳」みたいなものが裏には潜《ひそ》んでるよね。一途で、迷わずに、ずーっと思ってくれる女性。

男性にとっては、そういう、「たとえ、時間的・空間的に離《はな》れていることがあっても、また、いったん離れても、いつかどこかで必ず会えて、運命の糸で一つになれて、彼に会える」っていうことを、一途に迷わずに、信じて待ってくれているような女性というのは、「永遠の女性」なんですよね、ある意味で。

この「永遠の女性」っていうのが心のなかにいる男性は、やっぱり、悪の道に堕《お》ちることはできないんだよなあ。悪の道に堕ちることができなくて、「永遠の女性」が見守っている。

だから、本当は、時間的・空間的にも別れているから、その彼女もどうせ変わっているし、それこそ、おばあちゃんになってるかもしれないこともあるわけだけども、その若いころの彼女のままでストップしてるわけですよ。

例えば、十八なら十八、高校三年生の彼女でストップしているわけね。「彼女は、私を信じてくれている。『いつか、きっと一緒《いっしょ》になれる』と思って愛してくれている」っていう、それでストップしているんだけど。その原型がね、その後の十年後、二十年後の自分にずーっとついてきてるわけだね。

その過去の原像が、自分の未来を照らしてくれていて、迷わずにトンネルを抜《ぬ》け出していくための、何か力になっていくっていうかなあ。

映画「ホットロード」では「恋愛《れんあい》の下《もと》の平等」を描いた

三木孝浩守護霊　その意味で、「女性に対する永遠の憧《あこが》れ」を、私は刻み込《こ》んでいるのかな、作品に。そんなふうに見えるなあ。

だから、「ホットロード」のように、暴走族みたいなものを描《えが》いても、そのなかに、やっぱり、女性の愛が男を変えていくところを描いてるとは思うんだ。

まあ、あのあたり、湘南《しょうなん》あたりの暴走族の総頭《そうあたま》みたいな人なんていうのは、もうどうしようもない。普通《ふつう》で言やあ、鑑別所《かんべつしょ》にでも放り込んでねえ、「社会に出すな」っていうような人でしょうが、そういう人でも、やっぱり、「恋愛《れんあい》においては、みんな一緒なんだ」って、ほかの人と。この「恋愛の下《もと》の平等」だよな。

この世的に見れば、落ちこぼれてたり、悪人の原型になりかかったりしてるような、とんでもない人でも、恋愛というものを通して見たら、その〝スコープ〟を通して見たら、やっぱり、純粋《じゅんすい》なものを持っている。恋愛を通したら、すべての人が純化されていくっていうかね、浄化《じょうか》されていく？

そういう昇華《しょうか》というか、悪なるものや邪悪《じゃあく》なるもの、この世的な迷いみたいなものが、すべて洗い流されていって、何か純粋なものがスーッと出てくる感じ。これが「永遠なるもの」の何かだと思うんだよな。

竹内　うーん、なるほど。

「永遠の女性」って
いうのが
心のなかにいる男性は、
やっぱり、悪の道に
堕《お》ちることは
できないんだよなあ。

三木監督守護霊の「青春魔術」ワード①

4　若い人たちに伝えたい「青春のあり方」とは

「美しい青春」と「堕落《だらく》していく青春」

竹内　確かに、三木監督《かんとく》の作品は、例えば、母親の自殺であるとか、愛する人との別れであるとか、そうした青春期の不安や青春期独特の苦しみを、逆に、「永遠なるもの」を求めていくなかで、「生きていく力」や「未来への希望」に変えていっていると思うんですね。

三木孝浩守護霊　うん、うーん。

竹内　そのように、不安や苦しみを、生きていく力や未来への希望に変えていける能力が、映画のなかで描《えが》かれているのは、なぜでしょうか。

三木孝浩守護霊　いや、それは、分からないし、一言《ひとこと》では言えないんだけど。宗教家じゃないので、そこまでの使命があるわけではないんだろうけど。

うーん……、「されど、われらが青春」っていうか、「いろいろあるだろうね。大変だろうね。でも、美しい青春のあり方っていうのがあるんだよ」っていうの？　これをビジュアル化して見せてあげることによって、何か、心のなかに、一点の光明《こうみょう》みたいなものが見える。トンネルのなかにいる彼氏や彼女らにとって、未来への光明が見える。

そういう手助けが、何かできたらなあ、と。わずかに先輩《せんぱい》である私が、若い人たちに、「堕落《だらく》していくだけの青春がすべてじゃないんだよ」と。

まあ、放置《ほうち》すれば堕落していくような青春が待ち構えていると思うし、都会の青春は、たいていそうだよな。

地方から純粋《じゅんすい》に上がってきても、都会に来て、それなりの生活をして、世間《せけん》擦《ず》れしてくれば、堕落していって。擦《す》れてきて、「たかが女じゃないか」みたいな感じになったり、「男なんか幾《いく》らでもいるよ」みたいな感じの女性になったり、「女なんか、もう掃《は》いて捨てるほど、どこにでもいる」とかね、そういうふうに見えちゃうようになってくる。

だけど、うーん、そういうふうに見えるところが、〝大人になる〟ように見えるところもあるんだけども、「そうなり切ってはいけないんだ。そのなり切らない青さのなかに、実は、永遠に守らなきゃいけないものがあり続けるんだ」っていうところだよね。「ここを忘れたら、これを手放したら、君たちは駄目《だめ》になるぞ」っていうことかなあ。

映画「管制塔《かんせいとう》」と「ソラニン」は「青春の出口」を示す一つの糸口

竹内　今、ふと思ったんですが、「管制塔《かんせいとう》」の最後のほうで、ヒロインの中学生の彼女が学校に来なくなったあと、主役の男の子がバーみたいなところでソロで歌うじゃないですか。

三木孝浩守護霊　ええ、ええ。

竹内　また、もう一つ、「ソラニン」のほうでは、あまり内容を言ってしまうといけないんですが、ヒロインの宮崎《みやざき》あおいさんが、彼氏を亡《な》くしてしまった苦しみを抱《かか》えながらも、それを希望に変えて、最後にライブで歌うじゃないですか。

三木孝浩守護霊　うん。

竹内　両方とも、ギターを弾《ひ》いて歌っているだけのシーンなんですが、観《み》ているると涙《なみだ》が止まらなくなるんですね。

三木孝浩守護霊　ほう。

竹内　ただ歌っているシーンなんですが、そのなかに何か、「永遠なるもの」が示されている感じが、すごくしたんですけれども……。

三木孝浩守護霊　いやねえ……、やっぱ永遠のテーマだよね、青春って。「ソラニン」なんかも、ジャガイモか何かが発芽《はつが》するときに出てくる毒みたいな、ああいうのを意味しているんだけど。「青春」が〝発芽〟してくるときに〝毒素〟が出てきて、それが何か悩《なや》みのもとになるようなところがあるんだけど……、そこから芽が出てくるところだよね。

だから、「愛する人の死」っていうのに遭遇《そうぐう》する。それを乗り越《こ》えていけるかどうか。これをずーっと一生引きずる方もいらっしゃるだろうね、純粋であればあるほど。

そのへんが、いやあ、（「管制塔」と「ソラニン」は）実に難しい映画なんだけどねえ、両方ね。だから、演出は少ない。すっごい少ない演出で、もうギターか何かぐらいで歌わせるだけで、「空振《からぶ》ったら、もう終わり」という映画ではあるんだけどね。

いや、ささやかなものだと思うんです。ささやかなものだけど、やっぱり、「糸口があるよ」と。それが、一つの芸術というか、音楽活動みたいなのから出ていく糸口もあるし、ほかの糸口もあるだろうけども。「学校の勉強ができて、出世していくだけが、青春の出口ではないよ」っていうところかねえ。別のところで、まだ出口はあるし。

やっぱり、あがいている人たちに何か、「蜘蛛《くも》の糸」を垂《た》らしてやりたい気持ちはあるなあ。

（質問者の小田に）あなたなんかも、そんな使命を持ってんじゃないの？　若い人たちに蜘蛛の糸を垂らして、チャンスを与《あた》え、無名の人たちに「新しい光」を当ててあげようとする……。

小田　はい。ありがとうございます。

「青春もの」で若い人の心をつかむ秘密

小田　三木監督は、今は四十歳《さい》でいらっしゃいますよね（収録当時）。

三木孝浩守護霊　ええ。

小田　映画監督としてはお若いと思うのですけれども、観客の若い人たちから見ると、まぎれもなく〝中年〟の……。

三木孝浩守護霊　（手を激しく横に振《ふ》りながら）そんな……、そういう言葉を使わないでください。

小田　あっ、失礼しました（笑）（会場笑）。

三木孝浩守護霊　私、そういう言葉は映画なんかで全然使ってないですよ、一度も。

小田　（笑）いやあ、ですから、その若い感覚を、ずーっとみずみずしく持っておく秘訣《ひけつ》というのは、いったいどういうところなのでしょうか。

三木孝浩守護霊　うーん……。「若い感覚を持つ秘訣」っていうのがあるのかなあ……。

小田　「初恋《はつこい》の感覚」とか、そういうので……。

三木孝浩守護霊　あっ、いやいやいや（苦笑）、それは駄目だ。そういうふうな話は駄目だよ。

小田　（笑）

三木孝浩守護霊　それはタブーだ。それは駄目だけど。まあ、製作者側の秘密は明かしてはならないもんだから、あれだけど。

小田　「若い人が共感する」ということは、やはり、「あるある」という感じがあったりするからではないかと思います。ただ恋愛《れんあい》映画を描くだけで、みんなが共感するわけではなくて、三木監督がつくられる恋愛映画に、若い人は感動されていると思うんですよ。それは何か特別な、心をつかむ、共感……。

三木孝浩守護霊　うーん、何かねえ……。

でも、こういうのは言いすぎかもしれないけど、映画なんかができるより前でしたら、昔の「青春教養小説」みたいなのがあると思うんだよね。「ビルドゥングスロマン」っていうのかなあ。「若き日の苦悩《くのう》のなかから、自分をつくり上げていく」みたいな、そういう役割を担《にな》っているのかなあと思う。

だから、青春ものを描く人は、ほかにもいると思うんだけど、まあ、すぐにキスばっかりしてしまうような、そういう青春ものもあるじゃないですか。「モテすぎ男」みたいな（笑）。モテすぎ男か、モテすぎ女か知らないけど、そういうのを描くのもあるけど。

ただ、ちょっと僕《ぼく》はそこまではついていけないんだなあ。そこまではついていてい

●ビルドゥングスロマン　主人公がさまざまな体験を通して内面的に成長していく過程を描いた教養小説。

けなくて、やはり、どこかウブなところが残っていて、まだ未熟な、未成熟なところがあって。どこかまだ、親の支配権から完全に逃《のが》れられてるわけではないんだけども、それでも何か自分の道を拓《ひら》こうとしている。このあたりのところに関心があるんで。

あまりにも、若いのに大人っていうか、若年寄《わかどしより》になってしまって、もう歌舞伎《かぶき》町《ちょう》でバーテンをやりながらでも、女を手玉に取って遊べるような男みたいなのを、そんなに描きたいわけじゃないんだよな。

だから、何かちょっと違《ちが》いがある。青春ものをする人はほかにもいるんだけど、ちょっと違いがあるんだよな。何だろうなあ、この違いは。どこから来るのかなあ。

5　三木監督《かんとく》のテーマの一つである「田舎《いなか》と都会」

田舎性《いなかせい》で表現している「宗教的テーマ」とは

三木孝浩守護霊　やっぱり、これは私のテーマの一つに、「田舎《いなか》と都会」っていうのがあるからね。田舎と都会。

田舎はねえ、時間が止まってるんですよ、昔から。だから、田舎には、「昭和」もあれば、「大正」もあれば、「明治」も、「江戸《えど》時代」もあるんですよ、まだ。止まってるんですよ。

それを田舎へ持っていけば……、五島《ごとう》列島とか、稚内《わっかない》とか、釧路《くしろ》とかに持っていけば、時間が昭和とか大正、明治に戻《もど》っていくんですよね。それと現代の東京を対比させてくると、「タイムワープ」をしなきゃいけなくなるんですけどね。やっぱり、ある意味で、懐《なつ》かしんでる面もあるのかなあ。

だから、現代は何でも氾濫《はんらん》して、欲望も満たせれば、知りたいことは何でも知られる時代になってきてるけど。「まだ足りてない世界のなかで、純粋《じゅんすい》に糸を紡《つむ》ぎ出している蚕《かいこ》みたいな青春」も、いいじゃないかっていう感じの、何か郷愁《きょうしゅう》みたいなものを持ってるんだよね。

これ、田舎性《せい》かね? 単なる。まあ、分からないけど。蚕が糸を紡ぐような感じで、青春を紡いでいく感じが好きなんだよ、とっても。

竹内　意外にその「田舎と都会」というのが、実は「天国と地上」の対比なのではないでしょうか。

三木孝浩守護霊　そうかもしれない。何て言うか、邪悪《じゃあく》なるものに染まる前の人間の姿……、蛇《へび》の唆《そそのか》し、サタンの唆しを受ける前のアダムとイブの姿を、実は表しているかもしれないので。西洋に持っていけば、宗教的なものとしてはそういうことになるかもしれませんね。それは罪に堕《お》ちる前の「男女の愛のあり方」から、蛇の唆しによって……。

まあ、「都会には地獄《じごく》の匂《にお》いがする」と言われてるけれども、「都会の地獄のなかを、どうやって染まり切らずに、田舎性、あるいは〝エデンの園《その》性〟を維持《いじ》できるか」っていうところかなあ。

竹内　非常に宗教的なテーマですよね。

三木孝浩守護霊　そうかもしれない。うーん、宗教的だね、ある意味ではね。それを、この世的に翻訳《ほんやく》しているのかもしれない。

「青春の別れ」を語って涙《なみだ》する三木監督守護霊

竹内　ちなみに、「田舎と都会」が「天国と地上」だとしますと、この天国、および田舎の概念《がいねん》というか、ここに込《こ》められている考え方というのは、三木監督からすると、どういうものですか。

三木孝浩守護霊　だからそれは、彼が釧路の駅で二両編成の（列車）に乗って出ていくところを、吉高由里子《よしたかゆりこ》が追いかけていく。もうあれに尽《つ》きるよ。あれが田舎だよ、もう。「ザ・田舎」だよ。それは徳島《とくしま》本線だって一緒《いっしょ》だよ！　もう、一緒なんだよ。あれなんだよ！

竹内　そうですか。なるほど。

三木孝浩守護霊　だからねえ、電車に乗って行くって、昔でいえば、それは、羽田《はねだ》から外国に行ってた時代……、（右手を振《ふ》りながら）空港の上から手を振って、「今生《こんじょう》の別れかもしれない」って、こうやってた時代があるけど、あれがローカル線でも起きてたわけよ。

昔は、「上京していく」っていうことは、もう、それで一生会えないかもしれないし、都会でどういうふうになっていくか分かんないし、帰ってこないかもしれないしっていうような、あの感じかなあ。まあ、受験なんかを契機《けいき》にして、別れが出てくるよね。

大川総裁のことを言ったら失礼に当たるから、私も分からないけども、〝徳島県人的〟に考えるにつけて、この方は、「モテなかった」みたいなことを一生懸《いっしょうけん》命言《めい》っているけれども、おそらくそうではなくて、きっと小学校、中学校、高校時代に、いろんな女の子にも慕《した》われてたんじゃないかなあと、私なんかは想像するわけよ。

だけど、東京に出ていったら、もう偉《えら》くなってしまって会えなくなって、木の陰《かげ》で涙《なみだ》を絞《しぼ》ってた、あるいは、駅のホームの陰で涙を絞ってた女性は、いっぱいいたんじゃないかなあ、と想像するけども。

竹内　はい。

三木孝浩守護霊　まあ、そういうのがですね、「田舎の青春」の原点なんですよ。別れが来る。その別れが来る理由はね、都会を知ってしまうからなんですよね。

竹内　ああ……。

三木孝浩守護霊　都会は、新しい知識や学問、あるいは留学に近いものがあるけれども、それで自分が変わっていく。どんどん変わっていく。変わっていくことが分かる。変わっていくがゆえに、世慣《よな》れてきて、純粋ではなくなってきて、この世の「出世の階梯《かいてい》」っていうか、そういうものが見えてくる。それを目指し始めると、だいたい、田舎にいるような彼女たちからは、心がどうしても離《はな》れていく。これについていけるかどうかっていうのはねえ、それは数多くの人が、たぶん経験してる。

明治に戻せば、夏目漱石《なつめそうせき》なんかもそんな感じだよね。漱石の『三四郎《さんしろう》』とか、あれも九州から上《あ》がってきた青年が、やっぱりそんな感じでしょう？　田舎から上がってくる感じねえ。だから、「〝都会の毒〟に、染まらずにいられるかどうか」っていうようなところ？　うーん……。
まあ、こう言うと、僕《ぼく》泣いちゃうから、もうこれ以上言えないや。

蚕《かいこ》が糸を紡《つむ》ぐような
感じで、
青春を紡いでいく
感じが好きなんだよ、
とっても。

三木監督守護霊の「青春魔術」ワード②

6　世代を超《こ》えて共感を呼ぶ三木監督《かんとく》作品

「何とかして、若い人たちに励《はげ》ましを与《あた》えてやりたい」

倉岡　本日はありがとうございます。

私も本当に三木監督《かんとく》のファンで、映画を観《み》ていて、「えっ!?　これも三木監督?　これも三木監督?」と驚《おどろ》くぐらい、私の好きな映画には三木監督の作品が多くあります。

先ほどのお話のなかで、「若者を感動させるには」という質問がありました。

三木孝浩守護霊　うーん。

倉岡　聞いた話によると、映画「くちびるに歌を」でも、年配の方が、観終わったあとに立ち上がって、「ブラボー！」と言って拍手《はくしゅ》をしたり（笑）、もう拍手喝采《かっさい》だったそうです。私も拝見しましたが、やはり、年配の方でも感動するシーンがたくさんあるのかなと思いますし、観終わったあとの鑑賞者の顔が生き生きして、若々しくなっているように感じました。

三木監督は映画のなかに、〝青春の香《かお》り〟を込《こ》める、何か秘訣《ひけつ》をお持ちなのかなと思っていまして……。

三木孝浩守護霊　ああ、〝人間バイアグラ〟といわれるかもしらん。

倉岡　（笑）私は、それが一つのアンチエイジング法なのかなと思っています。

三木孝浩守護霊　アンチエイジングねえ（笑）。

倉岡　心も体も若々しくなる秘訣が何かあるのではないかと思うのですが、そのあたりのポイントはございますでしょうか。

三木孝浩守護霊　はああ（ため息）。まあ、そんなものがあるのかどうかは知らないけどもね。何だか、もう一つの面も描《えが》いているよね。

青春にある、〝ハードル〟がいっぱい出てくるよな。「王子様と王女様は見事に釣《つ》り合って、みんなに祝福されてゴールインしました」っていうふうにはならないような、〝障害物〟が必ず出てきているよな？

だから、「躓《つまず》きのもと」だよね。若い人には、その躓きを乗り越《こ》えていくだけの智慧《ちえ》と力が足りないんだけども、「何とかして、彼らに励《はげ》ましを与《あた》えてやりたい」という気持ちはあるねえ。「それで終わりじゃないんだよ」っていうかな。「まだ終わってないよ」というの？　「まだまだ終わるな。まだ諦《あきら》めるな！」「まだ、もう一回起き上がれるぞー」とか、「諦めちゃいけない。まだまだ待ち続けるんだ」とかね。

この気持ちは……、まあ、私らみたいな芸術系の仕事をしていても、「芽が出ない時期」っていうのは、みんな、経験があるけどね。そのときの「忍耐《にんたい》の気持ち」も入ってるかもしれないね。

三木監督の映画が年上の人からも共感される理由

三木孝浩守護霊　まあ、芸術そのものが、「永遠の若さ」でもあるからね。だから、お年寄りの方も、若いころのことを思い出して、急に涙《なみだ》ぐむところがあるのかもしれないですね。

今はそういう「純愛もの」みたいなのが、なかなか流行《はや》らない時代ではあるんだけど、時折、そういうことを流行らせるというか、戻《もど》してくる使命っていうのもあるのかなあって。

韓国《かんこく》だって、先ほどご紹介《しょうかい》があったときにドラマ「冬のソナタ」の話がちょっと出てたけど、「冬のソナタ」が流行ってたときは、日本人の韓国へのイメージはだいぶ違《ちが》ってたでしょう？

だから、もっと憧《あこが》れるようなものがあったのが、今の韓国には憧れないでしょう？ 嫌《いや》な感じのほうが強いでしょうね。嫌な隣人《りんじん》、口うるさい、文句《もんく》ばっかり言ってくる、主義・主張の違う隣人が、隣《となり》に住んでるような感じに今はなってる。

でも、あのころの韓国なら、おじさん、おばさんたちも、みんな若返っちゃって、見に行きたくなる韓国だったよね？

まあ、「あなたがたが、知恵《ちえ》と思ってるものが知恵じゃなくて、人生の何か、残りカスみたいなものが、いっぱい溜《た》まってるだけかもしれない」っていうところかな。「垢《あか》みたいなものが溜まってるだけかもしれない」っていうかなあ。

「もっと、真理っていうのは単純なところにあるんだよ」っていうか、「単純な原点帰りを常にしないと、進んでいるつもりで、実は進んでないということもあるんだよ」っていうことかな。

例えば、（映画の）「くちびるに歌を」だったら、東京で一流のピアニストになってた新垣《あらがき》（結衣《ゆい》）が、恋人《こいびと》の死を通して弾《ひ》けなくなっていたけど、田舎《いなか》の自分の母校に帰って、臨時教員みたいに一時期やるうちに、若い人たちの「情熱」とか、「思い」とか、「希望」とか、いろいろなものに励まされて変化していく。

要するに、固まってた心が解《と》けてくる。氷が解けて、もう一回、弾けるようになってくるっていうのを、伏線《ふくせん》に入れてあるんですけど。

そういう意味で、「大人は、子供より偉《えら》い」っていうか、「青年よりも偉い」と思うかもしれないけど、大人がもうすでに固まってしまってたり、あるいは、曇《くも》ってしまってたり、変色してしまっていたりする。

それで、どうにもならないと思ってたものが、昔戻りして、(映画の)「バック・トゥ・ザ・フューチャー」じゃないけども、過去の青春時代の自分に、もう一回戻って、そのなかで洗われて、ジャガイモみたいに、ぐるぐると皮《かわ》揉《も》みされていく。

そうすると、「自分はここまで来ているのに、これで挫折《ざせつ》した」とか言ってるやつが、もう一回、青春に戻って、その時点からやり直しを考えてみたら、意外に、「けっこうなところまで行ってたんじゃないか。そんなところでクヨクヨしちゃ、駄目《だめ》なんじゃないか。まだもう一回、再起できるんじゃないか」と思うようになる。

そういう意味で、青年層だけじゃなくて、年上の層だね？　年上の層の人たちにも、「まだまだ、〝第二の青春〟、〝第三の青春〟がありうるんだ。そういう勇気を、逆に、若い人からもらえる面もあるよ」っていうことかね。

そういうところが、年を取った方にも共感を呼んでいるのかもしれないけどね。

小田　はい。

映像と音楽がマッチしたときに生まれるものとは

小田　三木監督は、ミュージックビデオ（プロモーションビデオ）の監督出身でいらっしゃると聞いています。その影響《えいきょう》が、映画にもかなり出ているのではないかと思うのです。

三木孝浩守護霊　はい。

小田　三木監督は、「素晴《すば》らしい曲に映像をつける」というだけではなくて、ほとんどが原作のある作品で映画をつくり、その世界観をとても大事にされているんですね。そして、男女の旬《しゅん》の俳優を使って、その俳優のいちばんよいところを引き出そうとされていると感じます。

それは、やはり、プロモーションビデオをつくる際に、監督が、自分の作品をつくるのではなくて、アーティストがいちばんよく見えるように、本人が気づいていないような魅力《みりょく》を引っ張り出してあげて、その音楽の世界観をつくるということに、命を懸《か》けているからだと思うのです。

そうしたプロモーションビデオのつくり方が、映画にも生かされていて、非常に「無我《むが》」の感じを受けるのですけれども、そのあたりはいかがでしょうか。

三木孝浩守護霊　「無我」かもしれないけど……。

（映画「くちびるに歌を」のパンフレットをめくりながら）この「くちびるに歌を」で言えば、名曲のね、アンジェラ・アキの「手紙」だよね？　十五歳《さい》の手紙みたいなのを、もう、あえて使いたくて、やったところがありますけど。アンジェラ・アキも徳島《とくしま》の方ではあるので、共感するものがあって、（曲の副題が）「～拝啓《はいけい》 十五の君へ～」だけども、この歌を映画にしたようなものではあったわけだね（注。映画「くちびるに歌を」では、アンジェラ・アキの「手紙 ～拝啓 十五の君へ～」が、合唱コンクールの課題曲として使われている）。

まあ、これは、しかたがない。私の、この世での仕事で磨《みが》いたものが音楽系であったので、最初は、映画をつくるに当たっても、そちらのほうから出てきたのはそうなんだけども。

●アンジェラ・アキ（1977～）　日本人の父とイタリア系アメリカ人の母を持つ、徳島県出身のシンガーソングライター。2008年に発表した「手紙～拝啓 十五の君へ～」は卒業式の定番ソングとして歌い継がれている。

今は、必ずしも、「音楽だけ」という感じではなくなってきていて、「青春哲《てつ》学《がく》」と言えば、大げさだけど、それについては、もう一段、多角的に見ようとする気持ちはありますけどね。

ただ、「音楽が分かる」っていうのは、青春にとっては一つの喜びだね。だから、青春時代に音楽が分かるっていうのは、いいことだね。

特に、田舎と都会の違《ちが》いはね……、都会は音楽に恵《めぐ》まれてるね、確かになあ。田舎のほうの音楽は素朴《そぼく》だよな。学校で教えてくれるような音楽しか、みんな、知らないからなあ。

やっぱり、音楽は、一つの〝武器〟というか、自分としての道を拓《ひら》くものではあったのかなあとは思いますけど、今は、もう一段、三次元的な世界での展開や、役者の人間性に光を当てて、「この人から何を引き出すか」みたいなものも考えるようにはなっているので。

確かに音楽も、〝普遍《ふへん》性のある言語〟だからね。日本語でなくても通じる。そのリズムとかだけで、世界の人に通じるようなものもあるからね。まあ、それを忘れちゃいけないんだとは思うけども。

でも、映像と音楽がマッチしたときの美しさは、何とも言えないよなあ。

小田　ええ。そうですね。

三木孝浩守護霊　確かにねえ。感動を呼ぶよねえ。うん、うん、うん。だから、音楽も、できるだけ心に響《ひび》くようなものとマッチさせたい感じはあるなあ。

分かってくれるんだったら、うれしいけどね。

年上の層の人たちにも、
「まだまだ、
“第二の青春”、
“第三の青春”が
ありうるんだ。
そういう勇気を、逆に、
若い人からもらえる面も
あるよ」っていうことかね。

三木監督守護霊の「青春魔術」ワード③

「若い人に、ライトセーバーみたいな希望の武器を与《あた》えたい」

小田　評判になった原作をもとにした映画というのは、ヒットする可能性もありますけれども、原作のファンがいるかぎり、映像化されたときにファンのイメージと違う場合、バッシングのもとになると思うのです。

しかし、三木監督については、そういったバッシングは、ほとんど聞いたことがありません。世界観を非常に大事にして、ファンの人も喜んでいるような感じがします。

三木孝浩守護霊　だから、小説としてだけ見れば、「悲劇で終わる」っていうのも、永遠性はあるんだと思うんだけどね。みんな、喜劇よりは、悲劇のほうが好きだよね？　ずっと心に残ることもあって好きなんだけど、「悲劇だけを心に抱《いだ》き続ける人生」っていうのは、やっぱり、あんまりよくないよね。次に会う人、次に会う人、どれも自分に悲劇を持ってくるように見えてくるからね。

だから、「人生は、そういうふうに見ちゃいけないんだ」っていうことも、僕《ぼく》は言わなきゃいけないと思うし。大川総裁も、「常勝思考《じょうしょうしこう》」っていうか、「転《ころ》んでも、ただで起きちゃいけない。それをチャンスにして、自分の成長の種《たね》にしなさい」と言ってるじゃないですか（『常勝思考』〔幸福の科学出版刊〕参照）。

それと同じように、悲劇は出てくるし、悲劇が全然なければドラマにはならないかもしれないけど、「悲劇のままで終わっちゃいけない」と。最後にやっぱり、「出口の光明《こうみょう》」っていうのかなあ。それを描かなきゃいけないっていう気持ちは、強いね。

何か若い人にね、「希望の武器」を与《あた》えたいんだよ。

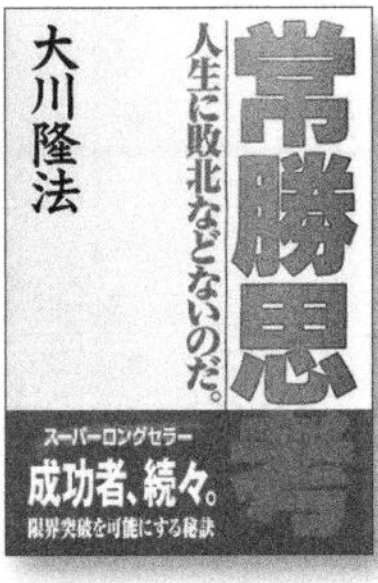

『常勝思考』
（幸福の科学出版）

（映画「スター・ウォーズ」の）ライトセーバーみたいな、（剣《けん》を抜《ぬ》くようなしぐさをしながら）こうピッとやって、「君にこれを一本、あげるよ。困ったときには抜け。光の剣を抜いて、これで戦え！」って、一本置いていく感じ？　そういうことができたらいいなと思う。一作一作、そう思ってる。

その映画を観たら、その人にライトセーバーが与えられて、「これで、何かの困難のときには、切り抜けていけ！　邪悪《じゃあく》なるものが襲《おそ》ってきたら、これで戦え！」っていう感じかなあ。

あるいは、「理不尽《りふじん》な運命を恨《うら》むんじゃなくて、切り抜けていけ！」っていう気持ちかな。

例えば、自分に関係ない、親の仕事の倒産《とうさん》だとかね。それから、自分の彼はいい人なのに、彼とは関係ないところで、その家庭に不幸が起きて、あっという間に崩《くず》れていくとか。そうしたら心も荒《すさ》むし、未来設計があっという間に消えていく。こういうことは、いっぱいあるからね。

やっぱり、このときに、「踏《ふ》みとどまれるかどうか」ってことは、大事なことじゃないかな。

僕は、そういう意味で、ある意味では宗教的人間だと思いますよ。宗教的人間だし、まあ、芸術的人間だと思うけど、「単なる悲劇で終わる人生にはしたくない」っていう気持ちは強い。

何か若い人にね、

「希望の武器」を

与《あた》えたいんだよ。

三木監督守護霊の「青春魔術」ワード④

7 成功する映画づくり・脚本《きゃくほん》づくりの秘訣《ひけつ》

三木監督《かんとく》が宗教を題材に映画をつくるとしたら

竹内　これは仮定の話なんですけれども、もし、三木監督《かんとく》が、宗教を題材にして次の映画をつくるとしたら、どのようなストーリーをお考えになりますか。

三木孝浩守護霊　うーん……。まあ、宗教の本家《ほんけ》に、それを言うのは、ちょっと、厳しいかねえ。

私らが売ってるものは、宗教の本家から見れば、〝駄菓子屋《だがしや》の菓子〟みたいなもんだから、たぶんね（笑）。「子供の小遣《こづか》いで買えるよ」ぐらいの、駄菓子だろうからさあ。その程度のもんなんで、懐《なつ》かしさがあるとしても、それは、（映画の）「ALWAYS《オールウェイズ》 三丁目の夕日」に出てくる駄菓子屋のお菓子の懐かしさぐらいだろうから、ちょっと……。

おたくはもっと深い「精神性」や、「哲学性《てつがく》」を持ってるし、「世界的な視野」を持って活動なされてるんだろうから、私らの感覚とはちょっと違《ちが》うし。

「アニメ」っていったって、おたくのアニメはアニメじゃないよね？　なんか、すごいよなあ（注。一九九四年以来、大川隆法製作総指揮のアニメ映画を六作品、実写映画では二作品を全国公開している。また、現在も、通算九作目の作品として、アニメ映画「UFO学園の秘密」を二〇一五年秋に公開予定である）。

竹内　でも、いちおう、アニメ映画としてつくっています。

三木孝浩守護霊　もうあれ、〝アニメ〟じゃないよ。アニメっていったら、普通《ふつう》はエンターテインメント。

竹内　そうですか（笑）。

三木孝浩守護霊　おたく（のつくる映画）はアニメじゃなくて、あれは、「哲学」だし、「思想」だろう?

竹内　思想ですね。はい。

三木孝浩守護霊　哲学や思想だし、「政治」でしょう?　ねえ?

竹内　そうですね。

三木孝浩守護霊　それを描《えが》いてるよね。

竹内　はい。ただ、エンターテインメントの要素も入っているとは思います。

三木孝浩守護霊　まあ、ちょっとは入ってるよ。付け足しでな、入ってるけど。

竹内　（笑）

幸福の科学が発表した主な映画作品①

映画「太陽の法」（2000 年公開／大川隆法製作総指揮・幸福の科学出版）、「黄金の法」（2003 年公開／同）、「永遠の法」（2006 年公開／同）

三木孝浩守護霊　僕《ぼく》は、あれは、すごい深い思想が……、やっぱり、訴《うった》えたい思想があってつくってるように思うから。アニメで、「あそこまで入れてくるか」っていう感じはするね。これでアニメだと、「剛速球《ごうそっきゅう》が胃袋《いぶくろ》のなかに投げ込《こ》まれる」ような感じ。バーンッて、来るよね？　一回で観《み》て分かる人は、ほとんどいないでしょう？　おたくのアニメって。

竹内　いえ、そんなこともないと思うのですが（笑）。

三木孝浩守護霊　（小田に向かって）分かりますか？　あれは。

小田　ええ……（苦笑）。何回も観てもらえるようにつくっています。

三木孝浩守護霊　一回観ても分からないように、わざとつくってあるから、スルメみたいなアニメで、一回で嚙み砕《かくだ》けないし、歯が折れちゃうよ。もう何回も観て、「延々と嚙んでください」っていうぐらいの感じが見えるよな。

竹内　うーん。

三木孝浩守護霊　で、「分からなかったら、本を読んでください」みたいな感じだな（笑）。「本をいっぱい読んで、背景知識が分かったら、これが理解できます」みたいな。

いや、けっこう難しいアニメをおつくりになってるので、そういう人に、「次に宗教的なテーマでつくれるか」って言われても、こちらは……。

これ、オーディション？　何か、監督のオーディションかい？　これ。

竹内　いえ、当会とは関係なくですね、先ほど、「宗教的なことに興味がある」というようなことをおっしゃっていたので、三木監督が考える「宗教的なテーマ」での映画というのは、どういうものがあるのかなと思いまして。

三木孝浩守護霊　それは、文学だって、宗教的には深いものもあるし。例えば、俺《おれ》に、「トルストイや、ドストエフスキーみたいなのを、映画化しろ」って言ったって、できやしないよ。そりゃ、まだ浅くて、青春ものぐらいで止《と》まってる自分では、ちょっとできない。ああいう、「深い思想まで入ったものを作品化できるか」っていったら、できない。もっと、勉強と、人生哲学が深くならないと、たぶんできない。

できるのは、ツルゲーネフの『初恋《はつこい》』ぐらいのレベルなら、つくれるとは思う

●レフ・トルストイ（1828 ～ 1910）キリスト教的な愛の精神を下地にした人道主義文学を樹立。主著『戦争と平和』『アンナ・カレーニナ』『復活』等。
●フョードル・ドストエフスキー（1821 ～ 1881）『罪と罰』『悪霊』『カラマーゾフの兄弟』等を通し、キリスト教精神に基づく魂の救済を追究した。

けど。深いものはたぶんできないし、政治経済にまたがってのやつも勉強は十分ではないので。それは、「国際的な舞台《ぶたい》を背景にしたサスペンスや、経済小説的なものまで映画にできるか」っていったら、やっぱり、「勉強が足りない」っていうのは、自分でも感じてるよ。

だから、先ほど言ったように、音楽と青春体験を合わせて紡《つむ》げるぐらいのところで、要するに、漫画《まんが》ターゲット。少女漫画や、そういう青春漫画レベルで、ターゲッティングできるぐらいの内容を映画化してるレベルなので。

まあ、五十（歳《さい》）、六十（歳）が来れば、それは、もうちょっと深まらなきゃいけないいんだろうとは思うけどね。

「『文学の深み』をくぐらないと宗教の本領まで行けない」

三木孝浩守護霊　まあ、宗教でやるとしたら……。うーん、私のインスピレーシ

●『初恋』　ロシア文学において、トルストイ、ドストエフスキーと並ぶ文豪、イワン・ツルゲーネフ（1818 ～ 1883）の代表作。年上の女性に恋心を抱き、翻弄される少年の葛藤を描いた作品。

ヨンを得ようとしてるかあ？　それは、酷《こく》なあれだね、まあ……。

竹内　（笑）

三木孝浩守護霊　あえて……。でも、私も、そこまでの段階に行ってないので、ちょっと言えないんだけど。音楽に耽《ふけ》る青春ぐらいの世界のところから抜《ぬ》け出てないので言えないんだけど。

やっぱり、「文学の深み」を少しぐらないといけないかなあ。「文学者が文学について突《つ》き詰《つ》めて考えたところを、さらに抜けなければ、たぶん、宗教の本領までは行けないのかな」っていう感じはするね。

文学のテーマでかなり突き詰めたところを、もう一個抜けなきゃいけないんじゃないかな。軽く描いたように見えても、その奥《おく》に深い宗教的真理が横たわってなければ、意味がないんじゃないかなあ。だから、おたく様がっていうことになれば、そういうことじゃないかね。どうでしょうかね。

竹内　はい。

原作や脚本《きゃくほん》がある場合でも譲《ゆず》れない「青春哲学《てつがく》」とは

小田　映画の成功は「脚本《きゃくほん》」にかかっていると思いますが、三木監督は、脚本家を立てて、脚本をつくられています。脚本家に対して、どういう注文をつけられるのでしょうか。また、どういう工程で脚本が出来上がっていくのでしょうか。

三木孝浩守護霊　たいてい、原作があるからね。それから大きく外《はず》すことはできないし……。

「私が選んでつくる」という考えもあるけど、たいていは企画《きかく》・提案を受けてね、「これをつくりませんか」みたいな感じで来ることのほうが普通《ふつう》なんで。それで、自分で、テイストに合うかどうかを見る。「やれるかなあ、どうかなあ」って見て、「やれる」と踏《ふ》んだ場合はお受けするわけだけど、まあ、原作があるから、それを脚本化するっていうことは、ほかの人にもできることではある。

そのときに、だいたい配役のイメージがあればね、やっぱり、その人にやらせてみたい台詞《せりふ》とか、そういうものはあると思うし、漫画を下地に使ってる場合だったら、漫画の名場面とか名台詞とかいうものを上手に取り込まなきゃいけないだろうと思うんでね。原作のよさはよさで使おうとは思っています。

ただ、よさはよさとして使おうとは思ってるけども、自分としての「青春哲《てつ》学《がく》」みたいなものがないわけではないので、いちおう、それに沿ってもらうかたちでないと、ちょっと、つくる気が起きない。ただの、何？　地獄《じごく》に叩《たた》き落とされるような映画で終わりにするんだったら、ちょっと、僕はついていけないなあ。前編で地獄に叩き落とされても、後編では這《は》い上がってこられる部分がなかったら、やっぱり、夜は眠《ねむ》れなくなる。とてもじゃないけど。

竹内　うーん。

三木孝浩守護霊　だから、僕の仕事は、やっぱり、人に、かすかだけども……。まあ、人生は「パンドラの箱」みたいなものだと思うんだけど、それを開けたときには、もう、いろんな悪徳がいっぱい出てくる。

都会に出てきて出世しようとしたら、あるいは、田舎《いなか》の両親に守られていた時代から出てきて、都会の大学なんかを出て仕事に就《つ》こうとしたら、もう、パンドラの箱を開けたみたいな、ありとあらゆる悪徳がバァーッと立ち上がってきますよ、東京でもね。でも、その底には、やっぱり、「希望」っていうものが残ってるっていう? まあ、これを描きたいんだよ、根本的にはね。

人生は「パンドラの箱」
みたいなものだと
思うんだけど、(中略)
でも、その底には、やっぱり、
「希望」っていうものが
残ってるっていう？
まあ、これを描《えが》きたいんだよ、
根本的にはね。

三木監督守護霊の「青春魔術」ワード⑤

8 「逆転の発想」で共感と面白《おもしろ》さを生む

「多くの人の共感を得る映画」にするための秘訣《ひけつ》とは？

三木孝浩守護霊　だから、あなたがたが宗教映画をつくるときに何をされるかは知らないけど、でも、やっぱり、同じように、いつも何か「希望」を訴《うった》えかけてるんじゃないかな。

まあ、「救世主映画《きゅうせいしゅえいが》」が多いようではあるけども、ややパターン化している可能性もないわけではないので、少し視線をずらしてみてもいいのかなとは思うな。

「救世主映画」だと、何て言うかな……。「自分を投影《とうえい》する」っていうか「共感する」っていうかなあ、自己同一視して、自分がその気になってやれる人とやれない人とが、はっきり分かれるわけなのね。

だから、救世主役みたいな、あるいは、ヒーローものでもいいけども、そういうヒーローものに共感できて、自分がその気になってやれる人、バットマンならバットマン、スーパーマンならスーパーマンに、自分も乗り移ったような気になって映画を楽しめる人もいるけど、たいていは、平凡《へいぼん》なサラリーマンや、ニートをやってる連中とかが映画を観《み》てくださってるから、そういう人たちは、そうなりたくてもなれない。

　まあ、それを夢として観るだけならいいんだけど、現時点の自分として観るとなると、「たまにカラオ

幸福の科学が発表した主な映画作品②

映画「仏陀再誕」(2009年公開／大川隆法製作総指揮・幸福の科学出版)、「ファイナル・ジャッジメント」(2012年公開／同)、「神秘の法」(2012年公開／同)

ケで歌えるだけのお金ぐらいはあるといいな」とか、その程度の希望しか持ってない人にとっては、その英雄《えいゆう》やヒーローたちとはかなりの距離《きょり》があるよな？ だから、そういう場合には、やっぱり、ちょっと目線を下ろしていって、普段《ふだん》はヒーローにはなれそうにもないような人とか、そんな才能があるとは思ってないような人とかが、「意外なところで何か、作品全体にとってすごくいい効果を表すというか、ちょっとしたヒット、小さなバントが、試合全体の流れを変えてしまう」みたいな、そういうところに焦点《しょうてん》を当てると、別な人たちの共感がグッと集まってくるんじゃないかと思うんだよね。

あなたがたは、「宗教映画をつくりたい」って言うけど、救世主ものを必ずやる。救世主に憧《あこが》れる気持ちは分かるけども、たいていの信者、会員のみなさんがたは凡百《ぼんぴゃく》の市民であろうから、憧れはしても、「自分はそうはなれない」と思ってるわね。そうすると、救世主ドラマのなかでも、「底辺《ていへん》のどこかで、それを支えている自分を見いだす」っていう余地はあるわけです。

そうした平凡な人が、何らかのときに、「あっ」という効果的な仕事をやって、グーッと話が変わってくるような、そういうところに視点を置くと面白《おもしろ》いと思う。「脇役《わきやく》を主役に変えてしまうドラマ」をつくるとね。

竹内　なるほど。「スパイダーマン」のような雰《ふん》囲気《いき》ですかね？　平凡な人が……。

三木孝浩守護霊　うーん、「スパイダーマン」も、ヒーローだから、一緒《いっしょ》じゃな

主役も脇役も自在にこなす
実力派俳優の守護霊が語る演技論

『俳優・香川照之のプロの演技論　スピリチュアル・インタビュー』（幸福の科学出版）

『「イン・ザ・ヒーローの世界へ」―俳優・唐沢寿明の守護霊トーク―』（幸福の科学出版）

いかもしれない。

でも、（あなたがたの）頭は全部、救世主映像だけに貫《つらぬ》かれてると思うし、それは、永遠普遍《ふへん》のものだと思うし、確かに、世界共通で長く遺《のこ》るものなんだろうとは思う。あなたがたは「世界を救いたい」っていうような大《お》っきな使命感で長編アニメでもつくっちゃうからさ、あれはすごいと思うけれども、一般《いっぱん》の人たちには、そこまで没入《ぼつにゅう》できない部分もあるから。

それこそ、今、流行《はや》ってるのは、むしろ、テレビでやってた（ドラマ）「デート」みたいな、ねえ？　高等遊民《ゆうみん》みたいな人とか、頭がいいはずなのに失敗ばっかり続けるリケジョ（理系女子）とか、ああいう人たちにも、何か主役の場面が回ってこないか、ちょっと予

東大大学院卒で恋愛経験ゼロの女性と、無職で親に寄生して生活する自称「高等遊民」の男性との間で繰り広げられる恋愛ドラマ「デート～恋とはどんなものかしら～」（2015年放送／フジテレビ系）

想外の主役が回ってこないかっていうのがあるから。
だから、宗教テーマでも、もうひとつ、一味《ひとあじ》をかけて、単に、「宗教的な人が宗教的な行為《こうい》をする」というだけではなくて、「まさかと思う人が、そういう役割を担《にな》う」みたいなのも面白いかもしれないです。

竹内　そうですね。ありがとうございます。

予想外のキャスティングは「逆転の発想」から生まれる

倉岡　冒頭《ぼうとう》で大川総裁もおっしゃっていたのですが、映画「ホットロード」の能年玲奈《のうねんれいな》さんや、映画「くちびるに歌を」の新垣結衣《あらがきゆい》さんなど、笑顔を売りにしているような女優さんたちが、一転してシリアスな役を演じています。
監督《かんとく》がそのようなキャスティングをされたわけですけれども、もし、俳優さんたちが持っているポテンシャルを見極《みきわ》めるときのポイントなどがありましたら、お教えいただきたいのですけれども。

三木孝浩守護霊　うーん。まあ、いちおう、発想的には「逆転の発想」だよね。だから、その人の前作を見れば、「こういうふうに同じような路線で使いたい」と思う。普通の〝誘惑《ゆうわく》〟は、そうです。そうしたら、ある程度の成功は保証されています。

例えば、「あまちゃん」をやった人が似たような路線でやれば、八十パーセントぐらいは成功する可能性があるのはもう見えてるけれども、やっぱり、前作の八割ぐらいまでしか行かないのも間違《まちが》いない。

でも、そういう、急に脚光《きゃっこう》を浴びてきている新進女優みたいな方々に、極端《きょくたん》に違う役を振《ふ》ってみて、「やれるかどうか」っていうことで、一つの〝公案《こうあん》〟を与《あた》

●公案　禅の修行で、悟りに導くために示す問題。

えるわけですよ。「こんな役でやってみろ。どうだ？ ひとつ、やってみるか？」って。

そうすると、「うーん」って、一瞬《いっしゅん》、苦しむわけです。それだけの人格変容を起こせるかどうか苦しむけど、この苦しみのなかに、何かやっぱり、女優、俳優としての、プロになるためのしごきの部分があるわけですよ。

役者なんかだったら、肉体改造まで要求されることもありますからね。体重を十キロ二十キロと増やしたり減らしたり、筋肉をつけたり落としたり、させられることもあるぐらいですから、性格のほうを変えるぐらいのことは、もっと速くできることです。まずは、このへんからトレーニングしなきゃいけないわけで、自分に対して暗示をかけて、自己を変革する。

そういう意味で、「まったく予想外の使い方をする」っていうのもいいと思いますね。

だから、私なんかが見てみたいのは、大川隆法先生も「剣道《けんどう》をやったことがある」というので、ぜひオーディションを受けて、実写に出られて、「座頭市《ざとういち》」かなんかをされたらいいんじゃないですか？「座頭市」。「ビートたけしの座頭市」対「大川隆法の座頭市」と、どっちがかっこいいか、やらせたら面白いだろうと思いますね。

悪人の首を、次から次へとかっ飛ばして、ピュッピュッピュッと飛ばしていく。「ああ、これがこの時代の救世主なんだ」なんていうのは、もう、面白いんじゃないですかねえ。アハハハハ（笑）。

小田　（苦笑）

さまざまなリメイク作品を生んだ「座頭市」

映画「ICHI」（2008年公開／ワーナー・ブラザース映画）

映画「座頭市」（2003年公開／オフィス北野、松竹）

三木孝浩守護霊　（「座頭市」は）ビートたけしとか、綾瀬《あやせ》はるかの「ＩＣＨＩ《いち》」とかありますけど、「大川隆法の座頭市」なんていうのも面白いんじゃないですかね。

（座頭市が杖《つえ》をつきながら歩く様子をまねながら）目は見えないで、滔々《とうとう》と乞食《こじき》をやってて、剣を抜《ぬ》くと、やたら強い。ピシーッ、ピッとやって、またもとの乞食に戻《もど》っていくみたいな、こんなのも面白いじゃないですか。

映画のストーリーのなかに、もう一段の「意外性」を仕込《しこ》む

三木孝浩守護霊　おたく様の映画を観てると、ちょっと、ストレートすぎるから。ストレートで、ある程度（筋《すじ》が）見えると言えば見える。見えちゃうので。主人公がいて、もう、最後までだいたい見えるのが多いので、次につくられるときは、少し「逆転の発想」を入れられたらいかがですか。

最後は、正義の味方が勝利するんだろうけども、それも必ず、「無抵抗《むていこう》で、相手を殺さずに平和裡《へいわり》にやって、危機に陥《おちい》りながらもそれを切り抜けて、最後は成功して、みんなの支持を得る」みたいな、そういうつくり方でしょ？　だいたい。パターンは全部それじゃないですか。「鉄腕《てつわん》アトム」の世界から出てないよ、これね。たぶん、「鉄腕アトム」の漫画《まんが》の世界から、ほとんど出てないと思うんですよ。

だから、もう一段の「意外性」と、何て言うかなあ、「逆説」を少し仕込《しこ》んでもいいんじゃないかね？　そんな感じかね。

三木監督《かんとく》流「逆説的な宗教映画」のシナリオ案

三木孝浩守護霊　例えば、「西暦《せいれき》二〇八六年、幸福の科学立宗《りっしゅう》から百年後のことである。その時代は、男性は男性と結婚《けっこん》し、女性は女性と結婚する時代になって

●「鉄腕アトム」　手塚治虫の代表作であるSF漫画。息子を事故で亡くした科学者によって開発された10万馬力の少年ロボットが、さまざまな悪と戦いながら成長していく物語。初の国産テレビアニメーション作品でもある。

いたのであった」って（笑）、そういうところから始まってですねえ、（竹内を指して）あなたが、実際上は男だけど、奥《おく》さんになっている時代で……。

竹内 （笑）

三木孝浩守護霊 もう、朝からエプロンをして、コトコトコトと味噌汁《みそしる》をつくっているシーンから舞台《ぶたい》が始まって、「え？ 何だ、これは」と思っていると、「社会は、男性は男性と結婚し、女性は女性と結婚する時代になっていた。この時代の人々には、どんな悩《なや》みがあって、どんな救い方があるか」ってね。例えばね。

そんなふうに発想していくと、ちょっと面白くなってくるかもしれませんね。

竹内 確かに、そうですね（笑）。

三木孝浩守護霊　ここで革命児が登場し、「男女の結婚を提唱する」なんていうようなのが出てくる（笑）。

そうしたら、「それはいけない。〝宗教的戒律《かいりつ》〟に反している。『男は男を愛し、女は女を愛する』ということ、もう、これは宗教の原点なんだ。これは、ソクラテス、プラトン以来続いている伝統であり、釈尊《しゃくそん》も説いた。『男同士が愛し合い、女同士が愛し合う世界』は、純粋《じゅんすい》な、もう穢《けが》れのない世界であって、異性同士が愛し合うっていうのは、本当に穢れのもとなんだ。子供が欲《ほ》しいときには、工場で人工授精をしてつくられるようになっていて、そこには、そういう男女のセックスなんか要《い》らない世界が展開しているんだ。そのように、純粋に、ピュアに、宗教的に人間が管理された未来社会が展開しているんだ」って。

そこでですね、逆説的に、「三木監督《かんとく》の青春論」じゃないけど、男女のすごい結びつき、〝運命の糸〟を引っ張り合う者が出てきたらどうなる？ これは異端ですよね？ この異端者を異端審問《しんもん》しなきゃいけない。これを何とかして引き離《はな》さなきゃいけないっていうのに、グイグイと〝糸〟を引っ張って、お互《たが》いに結びつこうとする。

これを、「駄目《だめ》だ。男は男と、女は女と愛し合うことになっているんだ。これが、この世界の掟《おきて》なんだ」って。例えば、「百年後はこうなってるんだ」っていうような感じでやると、面白いよね。

竹内　では、次回作は……。

三木孝浩守護霊　僕《ぼく》はつくれないけどね。

竹内　いや、ぜひ、三木監督が……（笑）。

三木孝浩守護霊　僕はつくれないけど、君たちだったらつくれるかもしれないからさ。

竹内　（笑）そんな……。

三木孝浩守護霊　うーん、そういうのが、いいんじゃない？　どう？

竹内　（笑）ちょっと……、（小田に）どうですか（笑）。

小田　いや……（笑）。ちょっと検討させていただきます。

三木孝浩守護霊　戒律を逆手《ぎゃくて》に取って、引っ繰《く》り返しちゃうの。うん。引っ繰り返しちゃって。

竹内　分かりました。

三木孝浩守護霊　だから、「『男女が愛し合う』という純粋な愛が破戒行為、戒律を破る行為であり、『堕落《だらく》して地獄《じごく》に堕《お》ちるぞ』」っていう教えに、いつの間にかなっている。

「男同士、女同士が夫婦《ふうふ》となって一つの家に住むことが幸福で、平和で、穢れのない世界であり、そこに地上天国が実現したんだ」っていう未来社会が来ていて、そのなかで、それを破って男女の愛を求める、純粋な愛を求める。昔返りして、「徳島《とくしま》の阿波《あわ》高校卒の三木監督」がつくるようなドラマを展開しようとする男女が出てくる。
そうしたら、「何とかして、これをやめさせなきゃいけない」ということで、もう、親から先生から、いろいろ出てきて、「そういう不純な恋愛《れんあい》はやめなさい」みたいな感じの展開でやると、何か、面白いような気がするけどね。
竹内　それは、「逆転の発想」ですね。
三木孝浩守護霊　うん。そうそうそう。
竹内　分かりました。ありがとうございます（笑）。

三木孝浩守護霊　宗教でやるからこそ面白いかもしれないね、むしろ。

竹内　分かりました（笑）。

9　スピリチュアルな視点から三木監督《かんとく》の秘密に迫《せま》る

「『青春』という名の泥船《どろぶね》に乗った二人を助けてやりたい！」

竹内　では、今のお話は検討させていただくとして、「純粋《じゅんすい》な恋愛《れんあい》」のほうに、話を戻《もど》していきたいのですけれども……。三木監督《かんとく》について神秘的な面からも伺《うかが》っていきたいと思います。

三木孝浩守護霊　ええ。

竹内　三木監督は、ずっと「永遠なるもの」を求めて、今まで「僕等《ぼくら》がいた」や

「ソラニン」など、次々と映画をつくられてきたと思うのですが、この「永遠なるもの」を求めてつくっているときには、やはり、霊界《れいかい》にいる天使たちの〝働きかけ〟というのもあるのではないかと思うのです。

こういった純粋な恋愛映画をつくるときに働きかけてくる「導《みちび》きの天使」というのは、どういう存在なのでしょうか。

三木孝浩守護霊　うーん、まあ、僕には難しくて、十分に説明はできないけど。何て言うか、この「青春」という名の泥船《どろぶね》に乗って沈《しず》んでしまいそうな二人を、「何とか助けてやりたい！」っていう気持ちは、いつもあるんだよ。

だから、届かないけど、何か、釣《つ》り竿《ざお》でも伸《の》ばすなり、ロープを投げるなりして、「何とかして助けてやりたい」っていう気持ちがあるんだよね。挫折《ざせつ》体験のない人はいないかもしれないけども、いろんな映画をつくることで、何とか彼らに新しい生き筋《すじ》を見つけられるようにしてやりたいなっていう気持ちがある。

僕はそんなに偉《えら》い人間じゃないから、よくは分からないんだけど、ある意味での「宮沢賢治《みやざわけんじ》的なもの」を現代的に翻訳《ほんやく》し直してるものなのかなという気はするね。宮沢賢治の、何て言うか、「純粋で、かつ、自己犠牲《ぎせい》の精神を持って他人《たにん》を救っていきたい」みたいな気持ちのようなものを、現代版に焼き直して、別なかたちで表そうとしているのかなあっていう気がする。

ああいう感じのものなんで、惹《ひ》かれてるのかなと思うんですけどね。

大川先生の思想はさすがに難しくて、うーん、徳島《とくしま》県人としても、やっぱり最高峰《ほう》なので、そう簡単に〝登《のぼ》れる〟とは思えないけど。これは〝エベレストの登り方〟を説明なされてるみたいなので、「エベレストはちょっと無理ですよ。讃岐富士《さぬきふじ》ぐらいにしてください」みたいな感じかなあ。

だから、そこまでは行かないし、いろんな情報や、いろんなものまでを詰《つ》め込《こ》んだ人間の生き方まで説くのは、ちょっと僕には無理かなとは思ってるんだけど、何て言うか、「全国で変わらない純粋な青春像」っていうのであれば、ある程度、描けるのかなっていう感じかなあ。

「宗教的な導きの天使」のような使命も一部ある

竹内　冒頭《ぼうとう》で大川総裁もおっしゃっていたのですが、三木監督の作品は、太陽の光や夕陽《ゆうひ》など、「光の使い方」が非常に幻想的《げんそう》で、この世の世界ではないような感じを醸《かも》し出しています。

そのように、映像美がとても素晴《すば》らしいのですが、こういったものは霊界にあるものを何か宿《やど》しているのでしょうか。あるいは、霊界にある景色《けしき》を視《み》てつくっているのでしょうか。

三木孝浩守護霊　まあ、確かに（霊界を）垣間見《かいま》ているような気はするね。音楽だってそうだし、映像の光の感覚もそうだし、やっぱり、「暗いトンネルから出口の光が見える感覚」っていうのは脳裏《のうり》から離《はな》れないね。そういう感じで、青春っていうのは長い長いトンネルのような感じがするなあ。

だから、その出口の光が見えたときの喜びは大きいよなあ。その暗いトンネルが長ければ長いほど、「出口の光のありがたみ」っていうのは、強いものがあるよね。

これは大げさな言い方だろうけれども、ある意味で、「宗教的な導きの天使」みたいな使命も一部あるのかなとは思ってる。だけど、あんまり自己規定しすぎると、今後の作品の幅《はば》がちょっと狭《せば》まるかもしれないので。全然違《ちが》うものをつくるかもしれない。私がハードなバイオレンスものなんかを、つくり始めるかもしれませんからね。まあ、それは分からないですから。「阿部定《あべさだ》もの」みたいな感じの、昔の猟奇趣味《りょうきしゅみ》の恋愛ものなんかもやるかもしれないから。まだ先のことは分かんないですけど、今のところ、「導きの天使」みたいな感じの仕事をしている人を数多く目撃《もくげき》はしているし、「実際に助けに来てる」っていうのを見ているので、そういう仕事をやってみたいなあとは思っている。

映画で描《えが》いている「青春の姿」は一つの「救いの姿」

三木孝浩守護霊　映画っていう媒体《ばいたい》は、全国でかかって、大勢の人、何十万とか、あるいは百万単位の人に観《み》せられる可能性があるんで、仕事として自己を拡大できる。自分が一対一で話す範囲《はんい》は狭《せま》いけど、その媒体を通せばずっと広がっていくし、そのときの映画のシーズンでは観れなかった人も、今だったらＤＶＤ等で時代を経《へ》て観ることもできるのでね。

まあ、（映画で）さまざまな青春の姿を描《えが》いてはいるけど、一つの「救いの姿」

だとは思う。仏教で言えば、阿弥陀如来《あみだにょらい》の仕事の一部かな。〝蜘蛛《くも》の糸〟の部分なのかもしれないとは思うし、西洋的に言えば、「導きの天使」かもしれないけど、そんな仕事に近いものを、自分はやってきたような気がするし、今もそういう使命感をちょっと感じてはいる。

でも、たぶん、そう大きなものではないだろう。そんな難しい高邁《こうまい》なものではない。ただ、青春期に苦しんでる人たちや、あるいは、もうちょっと年を取って心に煤《すす》がかかったような、薄暗《うすぐら》い窓、〝汚《よご》れた窓ガラス〟を通してしか世間《せけん》が見えなくなっている人に対して、「青春の透明度《とうめいど》」を、もう一回、見せるために、今、この仕事をしてるのかなと自分では思っていますけどね。

過去世《かこぜ》は、「雨ニモマケズ」で有名な、あの詩人・童話作家!?

竹内　最後のほうの質問になってくるのですが、今、私たちがお話をさせていただいている三木監督の守護霊様は、どの時代にいらっしゃった方なのでしょうか。

三木孝浩守護霊　だから、さっき言ったじゃん。

竹内　さっき言いましたか……。
えっ？　宮沢賢治ですか。あっ！　そうなんですか。

三木孝浩守護霊　言ったじゃん。

竹内　ああ……、宮沢賢治ですか。

三木孝浩守護霊　うん。

竹内　なるほど。それで、そういう作風が出ているわけですね（注。幸福の科学の霊査で、宮沢賢治は七次元菩薩界の魂であることが分かっている。『霊界散歩』『真理の発見』〔共に幸福の科学出版刊〕参照）。

三木孝浩守護霊　うん。だから、宗教性はあるんだけど、まあ、作家だね。作家でもあるし、学校の先生でもあったと思うけど、今は映画という手段を使って、何ができるのかを考えているんです。まあ、宮沢賢治っていうと、ちょっとビッグネームなので、あれだけど……。

竹内　かなりビッグネームです。

宮沢賢治（1896 ～ 1933）

岩手県出身の詩人、童話作家。生前は無名に近い存在だったが、「世界の一流詩人に伍《ご》しても断然異常な光を放っている」と激賞した草野心《くさのしん》平《べい》らが、賢治の死後、遺稿を発表。国民的作家として親しまれるに至った。熱心な浄土真宗の門徒の家に生まれた賢治の求道心《ぐどうしん》は幼少時から強烈で、高等農林学校時代には、仏教講習会の『歎異抄《たんにしょう》』法話やプロテスタント教会の『聖書』講義を聴き、曹洞宗の和尚のもとに参禅。24歳で日蓮宗系の国柱会《こくちゅうかい》に入信し、家族や友人らにも熱心に法華経信仰を勧めた。布教や奉仕活動を行う日々のなかで、自ら「法華文学」を志すことを決意。猛然と創作に励み、数多くの寓意《ぐうい》あふれる作品を生み出した。また、病床で手帳に書かれた自戒の言葉として有名な「雨ニモマケズ」の結び部分には、「南無妙法蓮華経」「南無釈迦牟尼《しゃかむに》仏」「南無多宝如来」等の帰依文《きえもん》が書きつけられている。亡くなる直前には『法華経』1千部の印刷・配布を知人に遺言。信仰と創作に捧げる生涯を生き切った。

（写真：28歳のころ。上着は鹿革の陣羽織を仕立て直したもの）

三木孝浩守護霊　でも、生前はそんな有名な人ではないですよ。生前は農業学校で教えてたぐらいで、死後にその遺稿《いこう》がいっぱい発見されて、発表されて、有名になっていった。生前はそういうあれではなくて、コツコツとした人生を生きていて、書いたものは、詩や、詩に近い小説みたいなものが多かったと思いますけど、やっぱり、「青年たちの心を清《きよ》らかにするようなもの」を求めてはいたと思ってるよ。

竹内　なるほど。分かりました。

三木孝浩守護霊　だから、宗教にまったく縁《えん》がないわけではない。

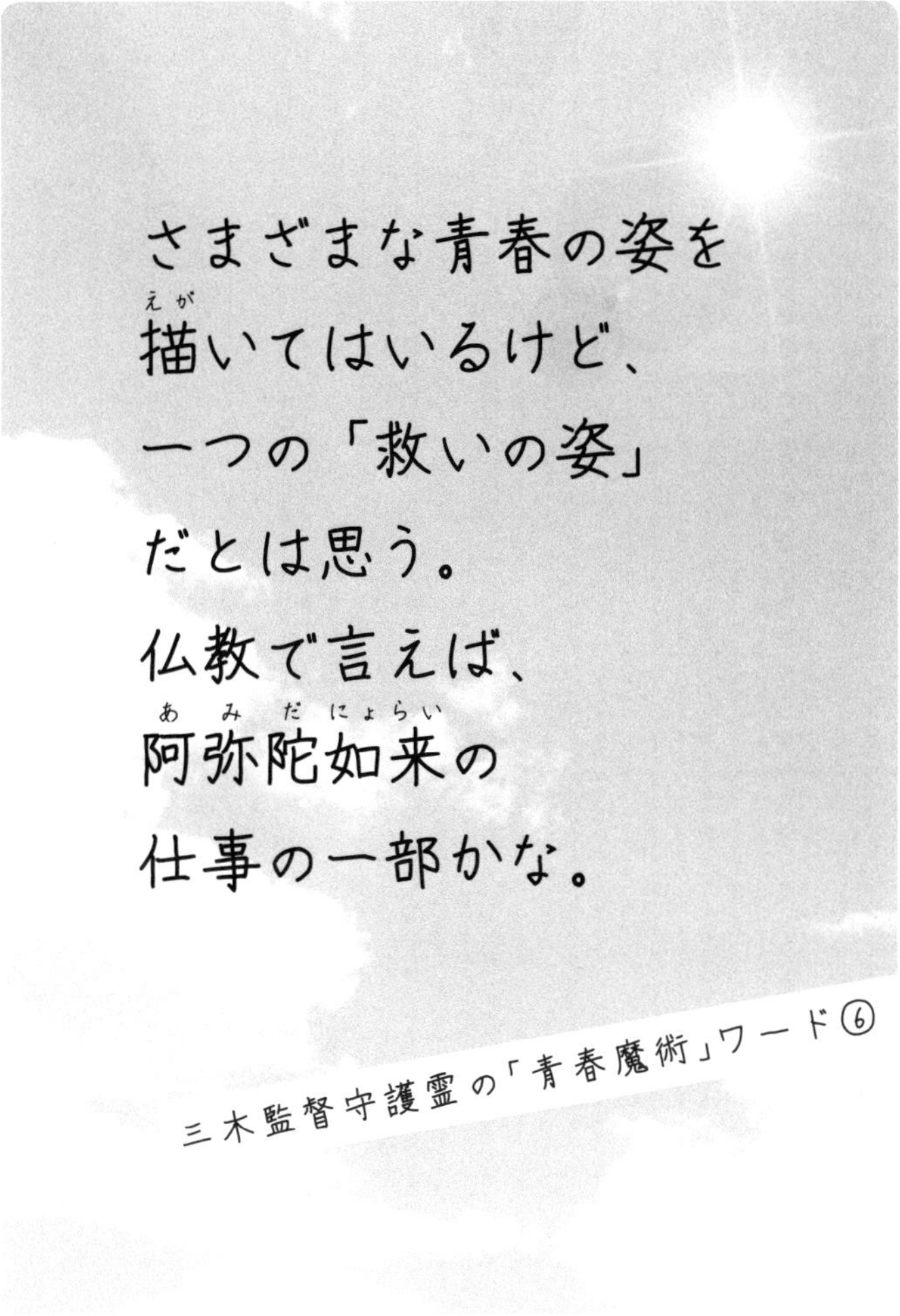

さまざまな青春の姿を
描《えが》いてはいるけど、
一つの「救いの姿」
だとは思う。
仏教で言えば、
阿弥陀如来《あみだにょらい》の
仕事の一部かな。

三木監督守護霊の「青春魔術」ワード⑥

10　三木監督《かんとく》守護霊が語る「青春映画」の核心《かくしん》

フィクションのなかに「真実」を描き、「感動」を起こす

小田　それでは、未来の監督《かんとく》や脚本家《きゃくほんか》を目指している子供たち、それから俳優や女優を目指している子供たちに対して、何かメッセージやアドバイスを頂ければありがたいです。よろしくお願いいたします。

三木孝浩守護霊　演技・演劇の世界っていうのは、ある意味で偽《いつわ》りの世界のようにも見える。台本に基《もと》づいたり、監督の指導に基づいて演技をしたり、演劇をしたりして、「自分じゃない自分」を見せて、それを周りの人に信じさせる。だか

ら、そこには、ある種の欺瞞《ぎまん》というか、嘘《うそ》はあるかもしれない。

「人を欺《あざむ》く」という意味での嘘はあるのかもしれないし、「偽りの自分」「自分ではない自分」を演じてるんだけども、この嘘の部分が嘘を通り越《こ》して、実は、そういう「自分でない自分」を演じることによって、大勢の人たちに「永遠の真理」みたいなものに近づいていかせようとしてるわけです。

例えば、（竹内に）あなたが映画でジョン・F・ケネディの役をやってもいいわけですよ。まあ、やってもいいわけだけれども、それは明らかに嘘ではある。嘘ではあるけど、嘘つきになりたくてジョン・F・ケネディの役をやってるわけじゃない。ジョン・F・ケネディの政治家としての生き様《ざま》を、みんなに伝えたくてやってるわけね。だから、一生懸命《いっしょうけんめい》、ケネディに似せようとして演技をする。

そのなかに〝ケネディ的なもの〟を感じることができたら、人々はそれに感動して胸が震《ふる》えるようになる。ここには「真実」があるわけ。「嘘」と見えしもののなかに、実は「真実」があるわけです。

構成上は、いろんな嘘でできているものなのかもしれない。フィクションででできてるものなのかもしれないけど、フィクションでできてるもののなかに真実を描《えが》かなければいけないし、その真実に気づくことによって、人々に感動を起こさせなきゃいけないわけね。

「一片《いっぺん》の真実を語れなかったら、作品として成功ではない」

三木孝浩守護霊　だから、「うまく化《ば》けて、人を騙《だま》せて、『演技がうまかったね』と言われてお金を儲《もう》けられる」というのでは駄目《だめ》なんだと思う。そうじゃないと思う。

本当の自分ではないフィクションの自分かもしれないけど、それを徹底《てってい》的に演じ切ることによって、「何かを知ってもらいたい」「伝えたい」っていう気持ちを心のなかに持ってることが、私は大事だと思うんだよね。それが大勢の人たちを感化することになる。

やっぱり、「単に人を騙す目的で演技をしている。また、作品もそういうふうにつくられている」っていうものであったらいけない。作品のなかには、真実がなければいけないと思うんだよね。

そういう意味で、俳優さんはみんな上手だから、いろんな役割を演じてくれますけど、やっぱりトータルなコーディネーターとして、また指揮者として、監督とかがそれをどうやって見事に結晶《けっしょう》化させるか。

いろんな役割が要《い》ります。〝のび太君の役割〟も、〝ジャイアンの役割〟も、〝ドラえもんの役割〟も、〝スネ夫の役割〟も要るわけです。いろんな役割をやって、それぞれ必ずしも理想的な人格じゃないかもしれないけれども、それらの役割を振《ふ》りながら、「全体的に作品として、未来の青春に希望を与《あた》えるようなものをつくっていきたい」という願いに、真実なるものがなかったらいかんと思う。

私は、まあ、映画がヒットして困るようなことはまったくありませんけれども、お金儲けだけでやってるつもりはないんです。次の作品をつくるための資金はあったほうがいいから、ヒットしてくれたらありがたい。いい俳優さんも集められるし、映画としても多少質の高いものがつくれるから、ヒットしてくれることはうれしいけども、「偽物《にせもの》でもって人を惹《ひ》きつけて、うまいこと騙して、儲けたい」というような気持ちは私にはないので。

やっぱり、その映画のなかで、「何か一片《いっぺん》の真実を語れなかったら、作品として成功ではない」と思ってます。

恋愛《れんあい》には「観音様《かんのんさま》の救い」のようなものがある

三木孝浩守護霊　先ほどちょっとコメントがありましたが、「ホットロード」ですかね。そういう暴走族を描くなんていうのは、私の路線から見たらちょっと外《はず》れてるようには見えますが、暴走族の頭《かしら》をやってるような彼のなかにも、「彼女を純粋《じゅんすい》に思う気持ち」っていうかね、「彼女の愛に応《こた》えたい」っていう気持ちがあるっていう……。

暴走族であれば、ほんとは親から見れば、手がつけられないような存在だよね？「暴走族の頭《あたま》（トップ）を張る」なんちゅうのは、親が会いたくもないぐらいの存在だろうけど、そういう人でも若い彼女のひたむきな心が伝わってくれば、そこに生きていく力っていうのかな、そういうものが出てくる。まあ、「回《かい》心《しん》」だよね。ある意味での「回心への道」が出てくる。そこに「救い」があるわけね。

つまり、恋愛《れんあい》には、そういう意味での「観音様《かんのんさま》の救い」みたいなものがあるんですよ。

私の場合は男性だから、主として、女性による救いを求める傾向《けいこう》が出てはいますけど、逆もありえると思うんですね。女性もいろんなことで傷ついたり、失敗したり、この世的にめげてしまうことはあると思うけれども、男性の真実の愛によって目覚めて立ち直ったり、再起することもあるとは思うんだよね。

だから、君たちが「愛だ、愛だ」とよく説いていることを、そういう言葉ではなくて、実写で、それはどういうことなのかについて人々に知ってもらおうとしてるっていうことかな。私は、単なる「テクニックの恋愛」みたいなものを人々に伝えようなんて思わないね。「もっと奥《おく》の奥にある永遠なるものを伝えたい」っていう感じかなあ。

だから、志《こころざし》は大事に持っておいたほうがいいと思います。ただ、フィクションであることは事実だから、そのフィクションが「人を迷わすようなフィクション」ではなく、「人をよりいい方向に感化するようなフィクション」でなければいけないなと思ってます。

三木監督守護霊が語る「青春の本質」とは？

倉岡　今までお話を伺《うかが》ってきましたが、ずばり、三木監督にとって「青春映画」とは何でしょうか。

三木孝浩守護霊　青春映画かあ。そうだね……。

〝ティファニーの奥の奥に飾《かざ》ってあるようなダイヤモンド〟だね。輝《かがや》きを放つダイヤモンド。ガラスの箱のなかに入っていて、触《さわ》ることはできないんだけど、みんなが見て、「はああ……」とするようなものかなあ。

青春そのものは、実は触れないものだけど、誰《だれ》が見ても素晴《すば》らしい輝きを持っているものだと思う。自分は手にすることができないかもしれないけど、みんなが見て、憧《あこが》れるものでなければいけないと思うし、その芯《しん》にあるものは「穢《けが》れのないもの」でなければいけないと思いますね。
だから、〝穢れなきダイヤモンド〟、それが青春の本質じゃないかな。

倉岡　ありがとうございます。

竹内　本日は、純粋な三木監督の心の内を明かしてくださいまして、本当にありがとうございました。

三木孝浩守護霊　はい。どうもありがとうございました。

小田　ありがとうございました。

“穢《けが》れなき
ダイヤモンド”、
それが青春の本質
じゃないかな。

三木監督守護霊の「青春魔術」ワード⑦

11 「純朴《じゅんぼく》さ」を感じた三木監督《かんとく》守護霊の霊言《れいげん》

大川隆法　（手を三回叩《たた》く）「宮沢賢治《みやざわけんじ》」と来ましたか。徳島《とくしま》にも偉《えら》い人が出てきたものです。

宮沢賢治は、生前はほとんど無名で、あとから値打ちが上がってきました。確かに作品は純粋《じゅんすい》です。そういう意味では、時代を超《こ》えて、純粋で純朴《じゅんぼく》なものだったのでしょう。

それを今、三木監督《かんとく》が映画の世界で求めているわけですね。そのため、この人の作品は、堕落《だらく》していくほうの青春には、なかなか、ならないのですね。挫折《ざせつ》や苦難のなか、何とか美しいものを紡《つむ》ぎ出そうとしている感じなのでしょう。

竹内　そうですね。

大川隆法　要するに、「菩薩《ぼさつ》の願いがこもっている」ということなのでしょう。あまり色を付けてしまうと、彼の作品の創作に影響《えいきょう》が出るといけないので、決めつけはしませんけれども、そういう面も一つ入っているのでしょう。

また、三木監督の守護霊から、「（幸福の科学では）『大如来《だいにょらい》の法』を映像化しすぎている。小さなものとしては、『菩薩の法』的なもので、人が共感でき、自分のヒントになるような作品もあっていいのではないか」というようなアドバイスも受けたかのように見えます。「あまり大作品ばかりぶつけていると、それに共感できない人や、自己投影できない人も多いですよ」と言っていたように見えたので、それは一つの注意点かと思いました。

勉強になりました。しかし、私のほうで気になる人というのは、〝何か〟があるものですね。

小田　そうですね。

大川隆法　いずれにしても、この人も「光の天使」の一人でしょう。おそらくそうでしょう。

ただ、仕事にあまり制約をかけたくないので、現代の映像監督として、いろいろな映像にチャレンジをされたらいいと思います。どうぞ気にされないでやられたらいいでしょう。

「〝裏〟には、かなり純朴なものがあった」ということですね。人を泣かせるだけのことはあるのかもしれません。

順調に成功され、大成《たいせい》されることを心の底より祈《いの》っています。

竹内　ありがとうございました。

大川隆法　（手を一回叩く）ありがとうございました。

小田　ありがとうございました。

あとがき

映画ってほんとうに面白い。原作になっているマンガや現代小説は、私のような哲学的思考を持っている宗教的人間には、なかなか読みづらいものだが、俳優さんの名演技と効果的な音楽とが組み合わさると、立体的に描写されて、さらにクリエイティブな面が感動を増幅させてくれる。

最近ディズニーの「シンデレラ」の映画が評判になったが、そこには人生における「永遠なるものの原型」がある。三木作品は、単純なシンデレラ・ストーリーではない。同じく最近ヒットした「ビリギャル」のような偏差値30から慶応大に受かった女子学生の、家族の涙をからめたサクセス物語でもない。三木映画は、はかなく、せつない。その成功は、いつか淡雪《あわゆき》のように消えそうで不安である。伸びきった蜘蛛《くも》の糸が、切れそうで切れない、かすかな希望が残る。恋愛には、どこかで救う神に見ていてほしいという気持がある。そして、「救い」に「愛」が宿《やど》るのだ。

二〇一五年　五月十九日

幸福《こうふく》の科学《かがく》グループ創始者兼総裁《そうししゃけんそうさい》　大川隆法《おおかわりゅうほう》

『青春への扉を開けよ　三木孝浩監督の青春魔術に迫る』大川隆法著作関連書籍

『常勝思考』（幸福の科学出版刊）
『霊界散歩』（同右）
『真理の発見』（同右）
『恋愛学・恋愛失敗学入門』（同右）
『映画監督の成功術　大友啓史監督のクリエイティブの秘密に迫る』（同右）
『「失楽園」のその後――痴の虚人　渡辺淳一直伝――』（同右）
『「イン・ザ・ヒーローの世界へ」――俳優・唐沢寿明の守護霊トーク――』（同右）
『俳優・香川照之のプロの演技論　スピリチュアル・インタビュー』（同右）
『「宮崎駿アニメ映画」創作の真相に迫る』（同右）

青春《せいしゅん》への扉《とびら》を開《あ》けよ
三《み》木《き》孝浩《たかひろ》監督《かんとく》の青春《せいしゅん》魔《ま》術《じゅつ》に迫《せま》る

2015年5月28日　初版第1刷

著　者　　大《おお》川《かわ》隆《りゅう》法《ほう》

発行所　　幸福の科学出版株式会社

〒107-0052 東京都港区赤坂2丁目10番14号
TEL(03)5573-7700
http://www.irhpress.co.jp/

印刷・製本　株式会社 堀内印刷所

落丁・乱丁本はおとりかえいたします

©Ryuho Okawa 2015. Printed in Japan. 検印省略
ISBN978-4-86395-676-6 C0095
イラスト：服部新一郎

大川隆法 霊言シリーズ・クリエイティブの秘密を探る

映画監督の成功術
大友啓史監督の
クリエイティブの秘密に迫る

クリエイティブな人は「大胆」で「細心」？ 映画「るろうに剣心」「プラチナデータ」など、ヒット作を次々生み出す気鋭の監督がその成功法則を語る。

1,400円

ウォルト・ディズニー
「感動を与える魔法」の秘密

世界の人々から愛される「夢と魔法の国」ディズニーランド。そのイマジネーションとクリエーションの秘密が、創業者自身によって語られる。

1,500円

「宮崎駿アニメ映画」
創作の真相に迫る

宮崎アニメの魅力と大ヒット作を生み出す秘密とは？ そして、創作や発想の原点となる思想性とは？ アニメ界の巨匠の知られざる本質に迫る。

1,400円

※表示価格は本体価格（税別）です。

大川隆法霊言シリーズ・人気の秘密に迫る

景気をよくする人気女優 綾瀬はるかの成功術

自然体で愛される——。綾瀬はるかの「天然」の奥にあるものを、スピリチュアル・インタビュー。芸能界には「宇宙のパワー」が流れている?

1,400円

女優・北川景子 人気の秘密

「知的オーラ」「一日9食でも太らない」など、美人女優・北川景子の秘密に迫る。そのスピリチュアルな人生観も明らかに。過去世は、日本が誇る絶世の美女!?

1,400円

ローラの秘密

いま、いちばん人気のある天然キャラ・ローラの素顔をスピリチュアル・インタビュー。みんなから愛されるキラキラ・オーラの秘密を大公開!

1,400円

大川隆法霊言シリーズ・人気の秘密に迫る

時間よ、止まれ。

女優・武井咲とその時代

国民的美少女から超人気女優に急成長する武井咲を徹底分析。多くの人に愛される秘訣と女優としての可能性を探る。前世はあの世界的大女優！？

1,400円

「神秘の時」の刻み方

女優・深田恭子 守護霊インタビュー

人気女優・深田恭子の神秘的な美しさには、どんな秘密が隠されているのか？ 彼女の演技観、結婚観から魂のルーツまで、守護霊が語り明かす。

1,400円

魅せる技術

女優・菅野美穂 守護霊メッセージ

どんな役も変幻自在に演じる演技派女優・菅野美穂――。人を惹きつける秘訣や堺雅人との結婚秘話など、その知られざる素顔を守護霊が明かす。

1,400円

※表示価格は本体価格（税別）です。

大川隆法ベストセラーズ・充実した青春を送るために

青春マネジメント

若き日の帝王学入門

生活習慣から、勉強法、時間管理術、仕事の心得まで、未来のリーダーとなるための珠玉の人生訓が示される。著者の青年時代のエピソードも満載！

1,500円

青春の原点

されど、自助努力に生きよ

英語や数学などの学問をする本当の意味や、自分も相手も幸福になる恋愛の秘訣など、セルフ・ヘルプの精神で貫かれた「青春入門」。

1,400円

恋愛学・恋愛失敗学入門

恋愛と勉強は両立できる？ なぜダメンズと別れられないのか？ 理想の相手をつかまえるには？ 幸せな恋愛・結婚をするためのヒントがここに。

1,500円

大川隆法シリーズ・**最新刊**

天使は見捨てない

福島の震災復興と日本の未来

大震災から４年――。被災された人々の心を救い、復興からの発展をめざすために、福島で語られた「天使たちの活躍」と「未来への提言」。

1,500円

人生の迷いに対処する法

幸福を選択する４つのヒント

「結婚」「職場の人間関係」「身体的コンプレックス」「親子の葛藤」など、人生の悩みを解決して、自分も成長していくための４つのヒント。

1,500円

人生に勝つための方程式

逆境や苦難をプラスに転じる秘訣

人生は、死後に必ず「採点」される。「人生に勝った」と言えるための四つの条件と、さまざまなシーンで勝ち筋に入るための智慧が満載の一冊。

1,500円

幸福の科学出版

※表示価格は本体価格（税別）です。

この地球《ほし》は、
宇宙に必要か？
大川隆法 製作総指揮
長編アニメーション映画
UFO学園の秘密
The Laws of The Universe Part 0
製作総指揮・原案／大川隆法
監督／今掛勇 脚本／「UFO 学園の秘密」
シナリオプロジェクト 音楽／水澤有一
総合プロデューサー／本地川瑞祥 松本弘司
美術監督／渋谷幸弘
VFX クリエイティブディレクター／粟屋友美子
キャスト／逢坂良太 瀬戸麻沙美 柿原徹也
金元寿子 羽多野渉 浪川大輔
アニメーション制作／HS PICTURES STUDIO
幸福の科学出版作品 配給／日活
©2015 IRH Press
UFO学園
検索！
©2015 IRH Press 配給/日活 配給協力/東京テアトル NIKKATSU
10月10日、全国一斉ロードショー！

幸福の科学グループのご案内

宗教、教育、政治、出版などの活動を通じて、地球的ユートピアの実現を目指しています。

宗教法人　幸福の科学

一九八六年に立宗。一九九一年に宗教法人格を取得。信仰の対象は、地球系霊団の最高大霊、主エル・カンターレ。世界百カ国以上の国々に信者を持ち、全人類救済という尊い使命のもと、信者は、「愛」と「悟り」と「ユートピア建設」の教えの実践、伝道に励んでいます。

（二〇一五年五月現在）

愛

幸福の科学の「愛」とは、与える愛です。これは、仏教の慈悲《じひ》や布施《ふせ》の精神と同じことです。信者は、仏法真理をお伝えすることを通して、多くの方に幸福な人生を送っていただくための活動に励んでいます。

悟り

「悟り」とは、自らが仏の子であることを知るということです。教学《きょうがく》や精神統一によって心を磨き、智慧《ちえ》を得て悩みを解決すると共に、天使・菩薩《ぼさつ》の境地を目指し、より多くの人を救える力を身につけていきます。

ユートピア建設

私たち人間は、地上に理想世界を建設するという尊い使命を持って生まれてきています。社会の悪を押しとどめ、善を推し進めるために、信者はさまざまな活動に積極的に参加しています。

国内外の世界で貧困や災害、心の病で苦しんでいる人々に対しては、現地メンバーや支援団体と連携して、物心両面にわたり、あらゆる手段で手を差し伸べています。

年間約３万人の自殺者を減らすため、全国各地で街頭キャンペーンを展開しています。

公式サイト **www.withyou-hs.net**

ヘレン・ケラーを理想として活動する、ハンディキャップを持つ方とボランティアの会です。視聴覚障害者、肢体不自由な方々に仏法真理を学んでいただくための、さまざまなサポートをしています。

公式サイト **www.helen-hs.net**

INFORMATION

お近くの精舎・支部・拠点など、お問い合わせは、こちらまで！

幸福の科学サービスセンター

TEL. 03-5793-1727 （受付時間 火～金：10～20時／土・日・祝日：10～18時）

宗教法人 幸福の科学 公式サイト happy-science.jp

幸福の科学グループの教育事業

2015年4月 開学

ハッピー・サイエンス・ユニバーシティ

Happy Science University

私たちは、理想的な教育を試みることによって、本当に、「この国の未来を背負って立つ人材」を送り出したいのです。

（大川隆法著『教育の使命』より）

ハッピー・サイエンス・ユニバーシティとは

ハッピー・サイエンス・ユニバーシティ（HSU）は、大川隆法総裁が設立された「現代の松下村塾」です。「日本発の本格私学」の開学となります。
建学の精神として「幸福の探究と新文明の創造」を掲げ、チャレンジ精神にあふれ、新時代を切り拓く人材の輩出を目指します。

学部のご案内

人間幸福学部

人間学を学び、新時代を切り拓くリーダーとなる

人間の本質と真実の幸福について深く探究し、
高い語学力や国際教養を身につけ、人類の幸福に貢献する
新時代のリーダーを目指します。

経営成功学部

企業や国家の繁栄を実現し、未来を創造する人材となる

企業と社会を繁栄に導くビジネスリーダー・真理経営者や、
国家と世界の発展に貢献し
未来を創造する人材を輩出します。

未来産業学部

新文明の源流を創造するチャレンジャーとなる

未来産業の基礎となる理系科目を幅広く修得し、
新たな産業を起こす創造力と企業家精神を磨き、
未来文明の源流を開拓します。

校舎棟の正面

学生寮

体育館

住所 〒299-4325 千葉県長生郡長生村一松丙 4427-1
TEL.0475-32-7770

教育

学校法人
幸福の科学学園

学校法人　幸福の科学学園は、幸福の科学の教育理念のもとにつくられた教育機関です。人間にとって最も大切な宗教教育の導入を通じて精神性を高めながら、ユートピア建設に貢献する人材輩出を目指しています。

幸福の科学学園

中学校・高等学校（那須本校）
2010年4月開校・栃木県那須郡（男女共学・全寮制）
TEL **0287-75-7777**
公式サイト **happy-science.ac.jp**

関西中学校・高等学校（関西校）
2013年4月開校・滋賀県大津市（男女共学・寮及び通学）
TEL **077-573-7774**
公式サイト **kansai.happy-science.ac.jp**

ハッピー・サイエンス・ユニバーシティ（HSU）
TEL **0475-32-7770**

仏法真理塾「サクセスNo.1」 TEL **03-5750-0747**（東京本校）
小・中・高校生が、信仰教育を基礎にしながら、「勉強も『心の修行』」と考えて学んでいます。

不登校児支援スクール「ネバー・マインド」 TEL **03-5750-1741**
心の面からのアプローチを重視して、不登校の子供たちを支援しています。
また、障害児支援の**「ユー・アー・エンゼル！」運動**も行っています。

エンゼルプランV TEL **03-5750-0757**
幼少時からの心の教育を大切にして、信仰をベースにした幼児教育を行っています。

シニア・プラン21 TEL **03-6384-0778**
希望に満ちた生涯現役人生のために、年齢を問わず、多くの方が学んでいます。

学校からのいじめ追放を目指し、さまざまな社会提言をしています。また、各地でのシンポジウムや学校への啓発ポスター掲示等に取り組む一般財団法人「いじめから子供を守ろうネットワーク」を支援しています。

公式サイト **mamoro.org**
ブログ **blog.mamoro.org**
相談窓口 **TEL.03-5719-2170**

政治

幸福実現党

内《ない》憂《ゆう》外《がい》患《かん》の国難に立ち向かうべく、二〇〇九年五月に幸福実現党を立党しました。創立者である大川隆法党総裁の精神的指導のもと、宗教だけでは解決できない問題に取り組み、幸福を具体化するための力になっています。

党員の機関紙
「幸福実現NEWS」

TEL 03-6441-0754
公式サイト hr-party.jp

出版メディア事業

幸福の科学出版

大川隆法総裁の仏法真理の書を中心に、ビジネス、自己啓発、小説など、さまざまなジャンルの書籍・雑誌を出版しています。他にも、映画事業、文学・学術発展のための振興事業、テレビ・ラジオ番組の提供など、幸福の科学文化を広げる事業を行っています。

アー・ユー・ハッピー?
are-you-happy.com

ザ・リバティ
the-liberty.com

幸福の科学出版
TEL 03-5573-7700
公式サイト irhpress.co.jp

THE FACT

ザ・ファクト
マスコミが報道しない
「事実」を世界に伝える
ネット・オピニオン番組

Youtubeにて
随時好評配信中!

ザ・ファクト 検索

入会のご案内

あなたも、幸福の科学に集い、
ほんとうの幸福を
見つけてみませんか？

幸福の科学では、大川隆法総裁が説く仏法真理をもとに、
「どうすれば幸福になれるのか、また、
他の人を幸福にできるのか」を学び、実践しています。

入会

大川隆法総裁の教えを信じ、学ぼうとする方なら、どなたでも入会できます。入会された方には、『入会版「正心法語」』が授与されます。（入会の奉納は1,000円目安です）

ネットでも**入会**できます。詳しくは、下記URLへ。
happy-science.jp/joinus

三帰《さんき》誓願《せいがん》

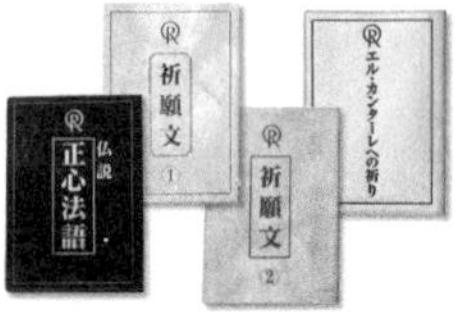

仏弟子としてさらに信仰を深めたい方は、仏・法・僧の三宝への帰依を誓う「三帰誓願式」を受けることができます。三帰誓願者には、『仏説・正心法語』『祈願文①』『祈願文②』『エル・カンターレへの祈り』が授与されます。

植福《しょくふく》の会

植福は、ユートピア建設のために、自分の富を差し出す尊い布施の行為です。布施の機会として、毎月1口1,000円からお申込みいただける、「植福の会」がございます。

「植福の会」に参加された方のうちご希望の方には、幸福の科学の小冊子（毎月1回）をお送りいたします。
詳しくは、下記の電話番号までお問い合わせください。

月刊「幸福の科学」

ザ・伝道

ヤング・ブッダ

ヘルメス・エンゼルズ

INFORMATION
幸福の科学サービスセンター
TEL. **03-5793-1727**（受付時間 火〜金：10〜20時／土・日・祝日：10〜18時）
宗教法人 幸福の科学 公式サイト **happy-science.jp**